NATIONAL GEOGRAPHIC

styleguide

München

Susanne Perk-Kuhlmann

eat
shop
love it

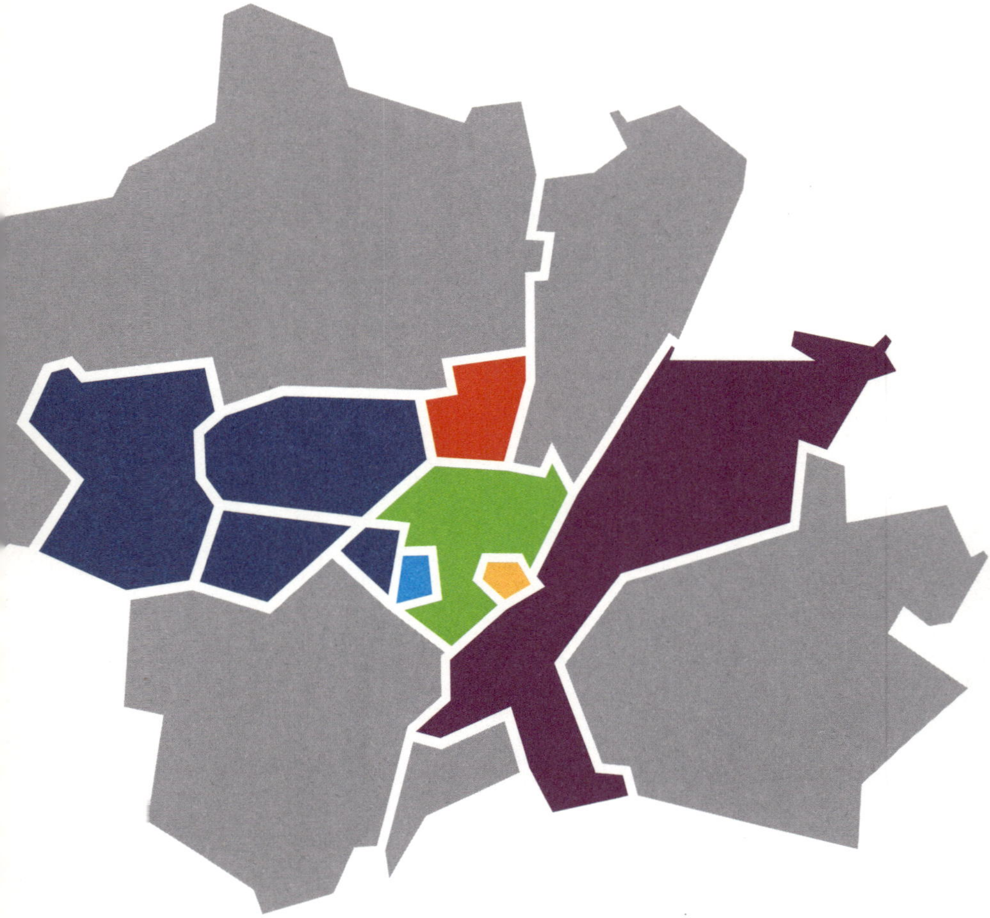

Inhalt

Servus

IN MÜNCHEN

München ist wohl die entspannteste Großstadt der Welt und wird dafür heiß geliebt. Am Wochenende kommt wahre Urlaubsstimmung auf. Dann geht es raus in die Berge und an die zahlreichen Seen. Wer hier lebt, will von allem etwas, aber von keinem zu viel. Natur und Urbanität halten sich auf wunderbare Weise die Waage. Mit der Isar, die sich wie ein blaues Band durch die ganze Stadt schlängelt, und dem Englischen Garten hat fast jeder Münchner direkte Anbindung an eines der großen Erholungsgebiete. Am besten lässt sich das Lebensgefühl der Münchner über die Tradition der Biergärten beschreiben. Hier wird an langen Bierbänken und Tischen »zamgrutscht«, jeder spricht mit jedem, das Essen darf mitgebracht werden. Einen lauen Sommerabend unter Kastanienbäumen und bunten Lichterketten sollte sich kein Besucher entgehen lassen. Dann hat das Leben eine Leichtigkeit, wie wir sie sonst nur aus dem Urlaub kennen. Verspricht der Abend schön zu werden, »packt sich zam«, wer nur kann, Büros schließen früher und ab geht's mit dem Radl an die Isar, in den Englischen Garten oder in den Biergarten. Die Münchner arbeiten viel, nehmen sich aber auch viele Freiheiten. Darüber hinaus sind die Münchner auch jenseits der Wiesn weltoffen, tolerant und überraschen mit Gesten wie beim Eintreffen der ersten Refugees am Hauptbahnhof. Empathie und Hilfsbereitschaft treffen hier auf Coolness, entspanntes Traditionsbewusstsein und urbanen Chic. Zusammen mit der wohl meistzitierten bayerischen Selbstbeschreibung »Mir san mia« ergibt sich so ein spannendes Bild meiner persönlichen Wahlheimat.

Kent Nagano, ehemaliger Generalmusikdirektor der Bayerischen Staatsoper, brachte es in einem Interview auf den Punkt. Er habe »nie in einer Stadt gelebt, die sich so wenig darum kümmert, was der Rest der Welt von ihr denkt«. So lässt sich auch das Selbstverständnis der Münchner erklären, die der Aufgeregtheit anderer Städte eine heitere Gelassenheit entgegenzusetzen wissen.

» KEINE STADT KÜMMERT SICH SO WENIG DARUM, WAS DER REST DER WELT VON IHR DENKT. «
Kent Nagano

Erobert wird München ganz wunderbar mit dem Fahrrad. Die unterschiedlichen Viertel und ihre interessante Architektur lassen sich so am besten erfahren. An den öffentlichen Brunnen pausieren oder an heißen Tagen einmal unter der Wasserfontäne am Brunnen des Stachus hindurchlaufen ohne nass zu werden, gehört dabei wohl mit zu den schönsten Vergnügungen. »Die nördlichste Stadt Italiens« spiegelt mit ihren vielen Plätzen und zahlreichen Straßencafés, an denen dank Decken und Heizpilzen auch an kalten Tagen das Leben pulsiert, perfekt das Lebensgefühl unserer südlichen Nachbarn wider.

Abgesehen von den wunderschönen Läden, denen die nachfolgenden Seiten gewidmet sind, inspiriert München auch durch seine kulturell-urbanen Aktivitäten, die nicht selten im Verborgenen stattfinden. International besetzte Aufführungen der bekannten Institutionen treffen auf Streetart-Kunst unter den Isarbrücken oder Privatinitiativen wie beispielsweise *www.hauskonzerte.com*, deren Aktivitäten oft nur kurzfristig gepostet werden. In München nicht »genau seins« zu finden ist fast unmöglich – man muss nur die richtigen Läden und Menschen finden.

Die Reise durch München führt von überraschend »used up« über kleine Vintage- und Concept-Stores zu ganz edlen Locations: Willkommen in meinem München!

München

TIPPS

◆ BIERGÄRTEN

In den wunderschönen Münchner Biergärten darf Essen mitgebracht werden, Getränke werden vor Ort gekauft. Die Münchner zelebrieren ihren Biergartenbesuch mit karierter Tischdecke und einem Korb voller Leckereien vom selbst gemachten Obatzdn bis zum Nudelsalat. Die großen Biergarten-Brezn dazu darf man sich nicht entgehen lassen! Im Service-Bereich der Biergärten kann auch Essen bestellt werden. Die Bierbänke und -tische gehören meist zum Selbstbedienungsbereich, der Servicebereich ist durch Tische und Stühle abgegrenzt.

◆ TRINKGELD

In München ist Trinkgeld üblich und wird als Anerkennung einer guten Serviceleistung gewertet. In Restaurants, Bars, beim Friseur, in Taxi und Co. beträgt es nach eigenem Gusto ca. 10 Prozent des Rechnungsbetrags.

◆ RESTAURANT

Gedeckpreise sind in München nicht üblich. Auch der Brotkorb, der beim Italiener oder in der gehobenen Gastronomie gereicht wird, wird nicht berechnet. Eine Ausnahme bilden die Bayerischen Wirtshäuser: Brezn und Brot aus dem auf dem Tisch stehenden Brotkorb werden abgerechnet. Dafür ist es dort auch ganz legitim, nur bei einem Bier ohne Essen zu sitzen. In Bayern gilt in der Gastronomie übrigens generelles Rauchverbot, es gibt keine Sonderbereiche.

♦ AUTO

Parkplätze sind in München wie in allen anderen Großstädten rar, die meisten der genannten Stadtteile sind Parklizenzbereiche mit Gratis-Sonderregeln für Anwohner und gegen Entgelt auch für Besucher. Im Lehel gibt es ganze Bereiche, in denen ausschließlich Anwohner parken dürfen. In Münchens City bitte auf den Boden schauen: Parken ist nur in den blau markierten Bereichen erlaubt, die roten Markierungen kennzeichnen Ladezonen.

♦ ÖFFENTLICHER NAHVERKEHR

Der Münchner Tarif-Dschungel ist schwer zu durchschauen, am besten schon vorher informieren – am Automaten ist man schnell aufgeschmissen. Ein guter Tipp sind meist Tages- oder Gruppentickets.

♦ MUSEEN

Das Münchner Museenangebot ist vielseitig und gut. Hervorzuheben wäre der ermäßigte Eintritt in die städtischen Museen immer sonntags für 1 Euro. Einige wenige Museen bieten Abendöffnung bis 20 oder 21 Uhr an unterschiedlichen Wochentagen an. An jedem ersten Freitag im Monat überzeugt die Villa Stuck mit dem »Friday Late«: bei freiem Eintritt und Sonderprogramm geöffnet von 18 bis 22 Uhr.

♦ PICKNICK

München ist auf Picknick-Packerl eingestellt. Manche packen nur einen Korb, andere gleich einen kleinen Leiterwagen. Infos z.B. unter *www.bavarese.net*, *www.isarpicknick.de* oder in den Delikatessläden vor Ort.

♦ BOB

Die Bayerische Oberlandbahn fährt günstig ins Münchner Umland. Die erste Person fährt zum normalen Bahnpreis, jeder weitere Mitfahrer nur für einen Bruchteil des Preises.

♦ FAHRRÄDER

München ist eine fahrradfreundliche Stadt mit einem guten Wegenetz. Einmal an der Isar stadtauswärts radeln ist ein Muss! Fahrradverleihe gibt es allerdings nur wenige und sind auch in Hotels nicht üblich. Fahrräder der Deutschen Bahn und von MVG stehen aber an zentralen Orten und an vielen U- und S-Bahn-Ausgängen. Abgerechnet wird stundenweise oder nach Minuten. Infos bei »Call a bike« oder *www.mvg.de*. Wer nicht selbst in die Pedale treten möchte, der lässt sich fahren – Rikschas gehörten mittlerweile zum Stadtbild dazu und machen viel Spaß.

♦ DER 24-STUNDEN-KIOSK

Zwischen Gärtnerplatzviertel und Au, direkt an der Isar gelegen, bietet dieser Kiosk einfach alles und das Tag und Nacht. Von eisgekühlten Getränken über Zeitschriften, Kaffee, Eis und Nützliches für den kleinen Einkauf. Hier decken sich Münchens Nachteulen ein. Infos unter *www.kiosk-muenchen.de.*

♦ ANTIK- UND FLOHMÄRKTE

Einmal im Jahr Mitte April findet der legendäre Riesenflohmarkt auf der Theresienwiese statt. Über 2000 Aussteller versprechen ein gigantisches Flohmarkterlebnis. Interessant sind auch die samstäglichen Flohmärkte in der Parkharfe im Olympiapark und auf der Trabrennbahn Daglfing. Antikfans freuen sich auf den 1. Sonntag im Monat und den Antik- und Raritätenmarkt in Keferloh.

♦ MÜNCHENS NACKERTE

So grantig »der Münchner« manchmal sein kann – mindestens ebenso tolerant ist er auch und akzeptiert das Blankziehen im Englischen Garten. Empfindliche Gemüter sollten sich auf den Liegewiesen entlang des Eisbachs im Englischen Garten und auch an der Isar, speziell am Flaucher, auf »die Nackerten« einstellen.

♦ OPEN-AIR-KINO

Popcorn unterm Sternenhimmel – davon findet sich in München reichlich. Freiluftkino gibt es z.B. ganz urban am Königsplatz bei der Glyptothek (S. 98), im Olympiapark am Olympiasee, im Alten Schlachthof oder im Westpark unter dem Slogan »Kino, Mond & Sterne«. Wer nicht auf das Auto verzichten möchte, fährt ins Autokino nach Aschheim. Infos unter: *www.kino-amolympiasee.de*, *www.kinoopenair.de* oder *www.viehhof-kino.de*

♦ SKATEN IN MÜNCHEN

München gehört zu den Skateboard-relevantesten Städten Deutschlands und weist mit der Bowl-Landschaft im Hirschgarten und dem Skatepark auf der Theresienwiese zwei echte Highlights auf. Individuelle Spots werden eher unter der Hand weitergegeben, eine sehr persönlich geführte Anlaufstelle für Skateboard-Fahrer ist z.B. das *shrn* in der Klenzestraße, das unter *www.soohot-rightnow.com* im Netz zu finden ist.

♦ SZENE ERKUNDEN

Einen allgemeinen Überblick über München und seine vielfältigen Möglichkeiten liefert das offizielle Stadtportal unter *www.muenchen.de*. Für Konzerte und Kinoprogramm sollte man sich das »In-München« besorgen – es liegt in Kinos, Restaurants und Bars aus. Wer Tickets bestellen möchte, geht auf *www.eventim.de*. Unter *www.mucbook.de* finden sich weitere Veranstaltungstipps. Wer sich einen umfassenden Überblick über Bars, Kneipen und Restaurants verschaffen möchte, besorgt sich im Buchhandel »München geht aus«. »Delikat Essen« hat ebenfalls die Gastronomie im Blick und ist über den Zeitschriftenhandel erhältlich, selektiert aber im gehobenen Bereich. Die stylishen Designläden haben im »Designguide« und unter *www.designchen.de* eine Heimat. Durch die spannende Münchner Museenlandschaft führt das Museumsportal *www.museen-in-muenchen.de*.

♦ HUNDESTADT MÜNCHEN

München ist die wohl hundefreundlichste Großstadt Deutschlands. Die Vierbeiner sind hier gern gesehen und grundsätzlich kein Problem. In Restaurants stehen die Schüsseln mit Wasser meist schon bereit. In den städtischen Parks gilt Leinenpflicht: diese Bereiche sind durch grüne Poller gekennzeichnet. An der Isar dürfen die Hunde frei laufen und auch im Nordteil des Englischen Gartens wird das Laufenlassen toleriert. Im Bereich des Altstadtrings und in öffentlichen Verkehrsmitteln werden die »Zamperln« aber an die Leine genommen. Über *www.zamperl-app.de* kann man sich für den jeweiligen Stadtteil genau informieren. Münchner Hundebesitzer sind übrigens sehr vorbildlich und nutzen die überall hängenden roten Beutelchen für die Hinterlassenschaften ihrer Lieblinge.

♦ DIE ISAR

Einmal quer durch die Stadt schlängelt sich das blaue Band: gebadet werden darf überall außer in den ausgewiesenen Bereichen an den Wehren. Die schönen Kiesbänke und idyllischen Isarstrände bieten pure Erholung und an einigen Stellen darf auch gegrillt werden, z.B. rund um den Flaucher. Eine Münchner Besonderheit stellt das Naturbad Maria-Einsiedl in der Zentralländstraße dar – auf 400 Meter Länge fließt der Isarkanal durch das Sommerbad. Auf Chlor wird komplett verzichtet, hier wird das Wasser mit reiner Pflanzenkraft gereinigt.

True & 12

Ein Tag

IN MÜNCHEN

Mit einem frisch gepressten Saft auf dem *Viktualienmarkt* (S. 24) beginnt für mich ein perfekter Tag in München. Gefrühstückt wird im *Maria* (S. 86), wo ich im Idealfall auf der Terrasse sitze und den Bewohnern des Viertels beim Vorbeischlendern zuschaue. Anschließend radle ich über den Gärtnerplatz zu *Wortwahl* (S. 71), um im Buchladen und der dazugehörigen Papeterie die Zeit komplett zu vergessen. Die Auswahl an Interior-, Kunst- und Kochbüchern ist einfach unwiderstehlich. Meist bleibe ich dann rund um den *Gärtnerplatz* in einem der Cafés oder kleinen Läden hängen – irgendjemanden trifft man hier immer –, obwohl mein Ziel eigentlich die *Isarauen* gegenüber dem Deutschen Museum sind. Danach gibt es ein leckeres Eis bei *True & 12* (S. 164) verbunden mit einem kurzen Abstecher in den Laden der *Holzmanufaktur Anton Doll* (S. 162). Am frühen Abend ist der *Dianatempel* im Hofgarten mein Ziel, hier kann man gemütlich der Münchner Tanz-Szene bei Tango und Salsa zuschauen.

Alternativ geht es am Nachmittag nach Harlaching in den Perlacher Forst, um dort maximales Waldvergnügen nahe der Stadt zu erleben – fast menschenleer und wunderschön verwunschen ist es dort. Für das Abendessen stehen dann das *Halchinger Jagdschlössl* mit bayerischer Küche oder das *Attentat* (S. 172) mit seinen leckeren Salaten zur Auswahl.

In lauen Sommernächten klingt der Abend dann am Neptun-Brunnen zusammen mit einer Flasche Fritz Müller Rosé aus. Genau diese Kombination hat für mich absolutes Kultpotenzial! Im Anschluss daran geht es entweder noch auf einen Drink ins *Herzog* (S. 31) oder auf einen letzten Absacker und ein deftiges Rindsgulasch mit Spiegelei in die *Bar Gabanyi* am Beethovenplatz.

Shops
2 Selve Schuhe
3 Iosoy
4 Der Völkel
5 Fünf Höfe
7 Radspieler
10 Weißglut
12 Schwittenberg
13 Aesop
15 Room to dream
17 Stereo Muc
19 Allude Cashmere Clinic
21 The Upper Club
23 Philipp Vogt Interiors

Essen
6 Kismet
9 Viktualienmarkt
11 Brasserie OskarMaria
22 Nage und Sauge

Café
1 Patollis
8 Le Copain N°2
18 Stereo Café

Nachtleben
14 Herzog
16 Falks Bar im Hotel Bayerischer Hof

Hotel
20 Opera Hotel

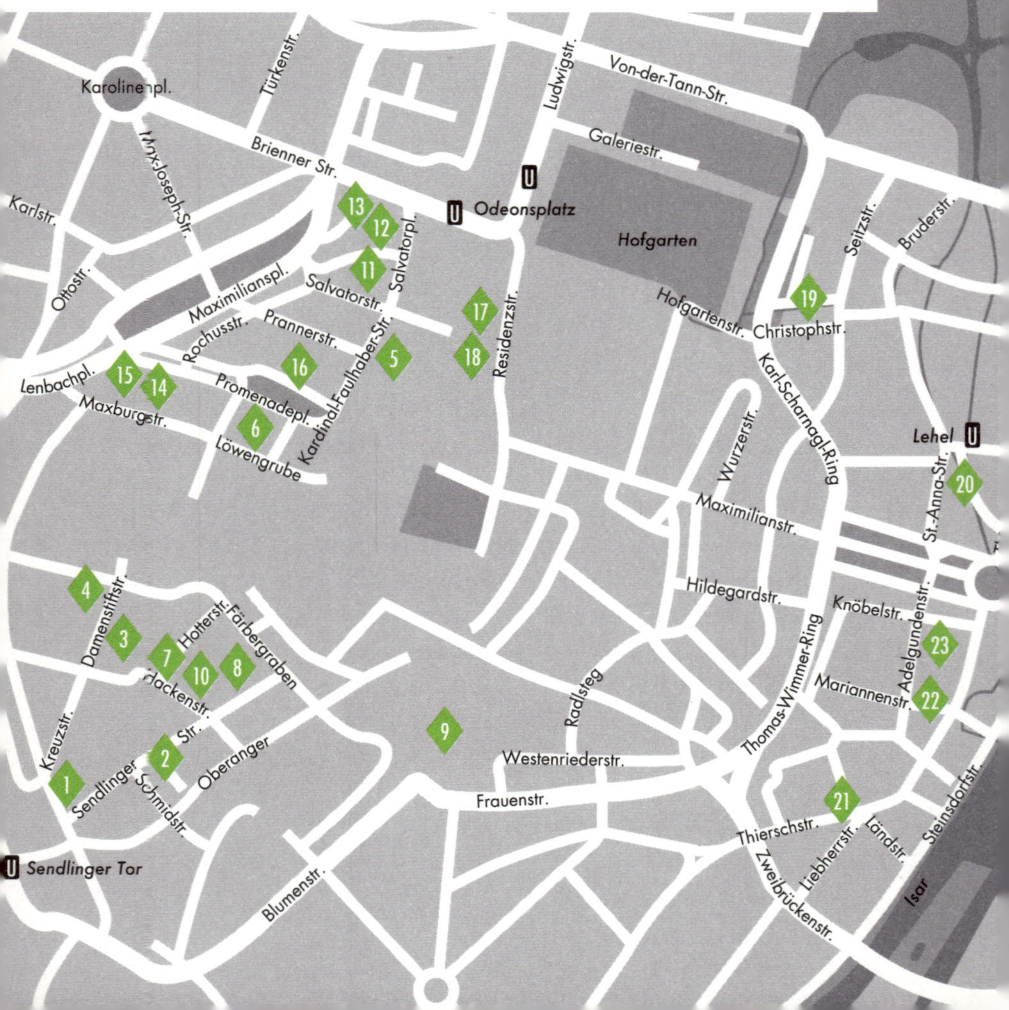

Mitte

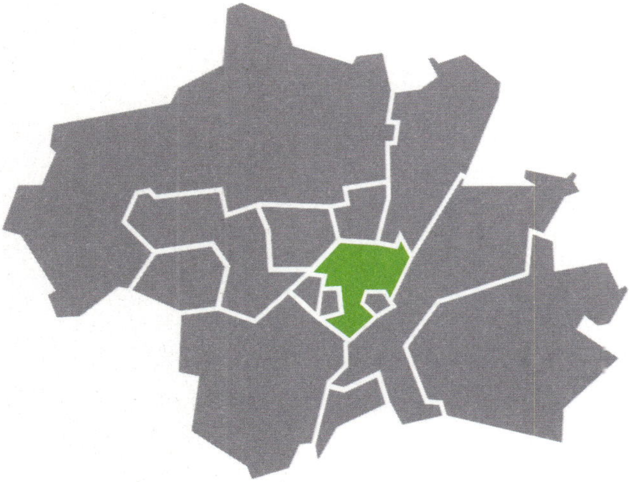

Dieses Viertel ist ein wunderbares Münchner Klischee. Mondän, luxuriös und auch ein bisschen hip. Flagshipstores und Traditionsbetriebe dominieren das Stadtzentrum. Hier liegt aber auch Münchens größte Partymeile und abseits der großen Luxusstraßen finden sich schöne kleine Shops mit hochwertigen Sortimenten. Weiter östlich gibt es das ruhige, großbürgerliche Lehel zu entdecken, hinter dessen prachtvollen Fassaden sich außergewöhnliche Kleinode verbergen.

1 Patollis

Tagsüber steht der Kaffee aus eigener Rösterei hier an erster Stelle, abends übernehmen Cocktails und Drinks. Die in warme Herbstfarben getauchte »Münchner Kaffeebar« mit Industrial-Einflüssen ist ein idealer Treffpunkt vor Shoppingtouren in die nahe gelegenen Einkaufsstraßen. Unbedingt die hausgemachten Kuchen und Sandwiches probieren. Leidenschaftliche Kaffee-Enthusiasten sollten den Kaffee des Monats testen.

Sendlinger Str. 62
www.patollis.de

2 Selve Schuhe

Die Herausforderung, elegante und wirklich passende Schuhe zu finden, kennt wohl jede Frau. Die Schuh-Individualizer von Selve schaffen modisches Schuhwerk nach Maß. Hier gibt es alles von Pumps, Peeptoes Flats, über Stiefel und Sandalen bis zum passenden Dirndl-Schuh – Leder, Farben, Absätze, Futter, Sohlen und Details werden bei einer Beratung im Atelier ausgewählt und anschließend auf den eigenen Fuß geschneidert.

Sendlinger Str. 29

www.selve.net

3 Iosoy

Die Designerin und Inhaberin Barbara Weigand zaubert mit ihrer kleinen Kollektion Brautkleider und Abendroben aus wunderbaren StoFen und Materialien für ganz besondere Anlässe. Was ich an ihr so liebe, sind die unerwarteten Details, mit denen sie Trends aufgreift, ohne sich gänzlich dem Zeitgeist hinzugeben. Auch die Casual-Kollektion ist von ausgesuchter Raffinesse – und jeden Tag tragbar.

Damenstiftstr. 11
www.iosoy.com

4 Der Völkel

Der ehemalige königlich-bayerische Hoflieferant blickt auf eine lange Tradition am jetzigen Standort zurück – die historische Werkstatt wurde 2000 aufwendig restauriert, die Spuren der Vergangenheit dabei ganz behutsam integriert. Heute wie damals werden moderne Design-Badobjekte im Showroom und dem Loft mit seinen gusseisernen Säulen, original erhaltenen Werkstattfenstern und derben Holzbohlen präsentiert.

Damenstiftstr. 6

www.dervoelkel.de

5 Fünf Höfe

Shoppen de luxe in Münchens exklusivster Shoppingmall – ideal für Modebegeisterte mit wenig Zeit und an Regentagen. Neben den großen Namen finden sich auch spezielle Läden wie »Geträumte Taten« mit wundervoller Keramik sowie Schmuck, gestaltet von Besitzer Andreas Estevan Schreyer. Oder die Boutique von Nicole Mohrmann, deren legere Sommermode sich perfekt für den Urlaubskoffer eignet.

Kardinal-Faulhaber-Str. 10
www.fuenfhoefe.de

THINK.
DANCE.
LEARN.

6 Kismet

Das orientalisch-vegetarische Restaurant befindet sich in den ehemaligen Räumen einer Bäckerei. Die Kombination aus schlichten Windlichtern, echtem Kerzenlicht und die in Smaragd-Mintgrün übertünchten Fliesen des Vorbesitzers ergibt ein beeindruckendes Raumgefühl.
Die Vorspeisenplatte mit Schälchen köstlicher Speisen sollte man sich nicht entgehen lassen. Am Wochenende mit Bar im Obergeschoss.

Löwengrube 10
www.kismet.cc

7 Radspieler

Das Traditionshaus in Familienbesitz ist bekannt für seine Stoffe, Gläser, Tischwäsche und Möbel-Klassiker im modernen Shaker-Stil. Den großen Innenhof mit den Gartenmöbeln sollte man sich auf keinen Fall entgehen lassen. Genauso wenig wie das Haus selbst: unbedingt auf die mit reichen Intarsienarbeiten verzierten, fast schon musealen Fensterlaibungen und Stuckdecken achten, die einst Bestellmuster für Kunden waren.

Hackenstr. 7

www.radspieler.com

8 Le Copain N°2

Etwas jünger als die Fünf Höfe (S. 18) präsentiert sich die kleine Shoppingmall »Hofstatt« in Münchens Fußgängerzone. Dort lockt vor allem das kleine Tagescafé französischer Machart – nach anstrengenden Shoppingtouren ein erholsamer Magnet. Die Flaneure ringsum zu beobachten macht Spaß, die Snacks gehen superschnell und für zu Hause lässt sich das eine oder andere auch noch mitnehmen.

Hofstatt / Sendlinger Str. 12
www.lecopain2.de

9 Viktualienmarkt

Der vielbesuchte Naschmarkt ist ein Einkaufsparadies in Münchens Mitte. Die grünen Marktstandl locken mit kulinarischen Leckereien von Käse und Fisch über frisch gepresste Säfte, Blumen und Pflanzen bis hin zu Gewürzen, Obst, Gemüse und Kräuter – hier gibt es nichts, was es nicht gibt. Für eine traditionelle Brotzeit geht man in den Biergarten unterm Maibaum oder holt sich etwas auf die Hand an einem der Stände.

Viktualienmarkt
www.viktualienmarkt-muenchen.de

AUGUSTINERBRÄU
HB
HOFBRÄU

10 Weißglut

Der hübsche, in schlichtem Weiß gehaltene Concept-Store wirkt wie ein lebendig gewordener Laden im skandinavischen Blogger-Style. Tolle Papeterie und Wohnaccessoires wie Vasen, Kerzen, Leuchten oder Küchenzubehör gibt es hier schon für den kleinen Geldbeutel und eine eher jüngere Zielgruppe. Mode und Schmuck im dazu passenden Look runden das Weißglut-Konzept ab.

Hackenstr. 1

www.weissglut-design.de

11 Brasserie OskarMaria

Die Brasserie begeistert mit ihrem imposanten, lichtdurchfluteten Säulenraum, der Qualität der Küche und der Nähe zur Kunst. Eigentlich ist die Gastronomie fast schon zweitrangig, in erster Linie ist das Kaffeehaus im angrenzenden Literaturhaus Denkmal für den Namensgeber und Schriftsteller Oskar Maria Graf. Die New Yorker Künstlerin Jenny Holzer huldigt ihm mit ausgewählter Prosa auf Geschirr und Mobiliar.

Salvatorplatz 1
www.oskarmaria.com

12 Schwittenberg

Sinn für Mode und einen gefüllten Geldbeutel sollte man mitbringen bei einem Besuch im aufregend großzügig gestalteten neuen Schwittenberg Store. Sandra Schwittau und Oliver Romberg sind Schwittenberg und führen den Laden für modebewusste Kreative, Architekten, Schauspieler ... Zu finden sind Acne, Margiela, Ayzit Bostan, Stephan Schneider, aber auch die Accessoires verdienen ein Lob.

Salvatorplatz 4
www.schwittenberg.com

13 Aesop

Beeindruckend und sehr puristisch ist das Ladendesign dieses Stores im historischen Luitpoldblock, der sich mit seinen aktuellen Neubesetzungen zurückkatapultiert in die erste Liga der Münchner Shoppingadressen. Imposant wirkt vor allem der monolithische Verkaufstresen aus Beton, hinter dem die luxuriösen, hochwirksamen Beautyprodukte sorgfältig aufgereiht, abgefüllt in aufgepeppten Apothekerfläschchen, stehen.

Maximiliansplatz 10

www.aesop.com

14 Herzog

Im ruhigen Innenhof des sehenswerten Justizgebäudes der 1950er Jahre gelegen, verspricht das Herzog, neuer Hot Spot Münchens, feine Leckereien. Dessert-Empfehlung von mir sind die handgemachten Pralinen. Optisch setzen die Macher, die auch das Café Vorhölzer (S. 102) betreiben, hier auf edle Interior-Komponenten und den Herzog als großformatigen Print an der Wand. Abends gehobene Küche und Bar.

Maxburgstr. 4

www.herzog.bar

15 Room to dream

Slow Living, so das Credo von Inhaberin Sabine Stadtherr. Die ehemalige Textildesignerin hat sich mit ihrem »Raum zum Träumen« ein ganz im Trend liegendes Refugium geschaffen und überzeugt mit angesagten Labels im Nordic Style wie By Lassen, Normann Copenhagen, Ferm Living oder der fantastischen Kosmetik von L:a Bruket. Dauerbrenner bei ihr ist die mit Bambi, Wolf oder Igel bedruckte Bettwäsche von By Nord.

Lenbachplatz 7

www.room-to-dream.de

16 Falks Bar

In der Bar eines der besten Hotels der Stadt ist Luxustanken angesagt. Die Bar ist durch die Lobby gehend öffentlich zugänglich und selbst unter Münchnern noch immer ein echter Geheimtipp. Der denkmalgeschützte Spiegelsaal mit seinen opulenten Stuck- und Goldverzierungen ist unbedingt sehenswert. Der Service ist erstklassig, die Drinks perfekt und werden so stilvoll serviert wie sich die Bar selbst präsentiert.

Promenadeplatz 2–5
www.bayerischerhof.de

17 Stereo Muc

Zentral gelegener Multi-Brand-Store für authentische Männer mit der richtigen Prise Understatement. Trendy, ohne jedem Zeitgeist hinterherzulaufen, und dabei eher ein bisschen leger: Männerbekleidung, Schuhe und Accessoires von der Ledertasche bis zur Bartpflege. Gürtel, besondere Gehstöcke oder Handyhüllen aus Holz – wer nach Geschenkideen für Männer sucht, ist hier auch als Frau genau richtig.

Residenzstr. 25

www.stereo-muc.de

18 Stereo Café

Über die sich durch den Raum schwingende Treppe des Stereo-Muc-Stores gelangt man in das kleine, süße Stadtcafé. Legendär ist der Blick durch das große Fenster auf die Residenzstraße mit den Glück bringenden Löwen. Zudem gibt es handgemachte Kuchen, Kaffee-Variationen und leckere Snacks für das kleine Glück zwischendurch. Wer Eierlikör-Liebhaber in der Familie hat, sollte hier eine Flasche mitnehmen!

Residenzstr. 25, 1. Stock
www.stereo-cafe.de

19 Allude Cashmere Clinic

Münchens schönster Waschsalon! Die Kaschmir-Spezialisten waschen, pflegen und stopfen die teuren Lieblingsstücke aus dem edlen Material. Die Herkunft spielt dabei keine Rolle. Nützliche Tipps lassen sich auch in Form kleiner Test-Waschmittel und Woll-Conditioner mit nach Hause nehmen. Den höchsten »Haben-will-Faktor« aber besitzt die Baby-Kaschmir-Kollektion.

Christophstr. 6
www.allude-cashmere.com

CASHMERE CARE
ALLUDE
CONDITION
WASH

CARE
ALLUDE

20 Opera Hotel

Das stilvolle Stadtpalais in ruhiger Lage für alle, die es gerne etwas luxuriöser mögen. Neben den mit ausgesuchten Antiquitäten und kleinen Kunstschätzen ausgestatteten Zimmern beeindruckt der grandiose Innenhof. Das ehemalige Stadthaus eines königlich-bayerischen Hoflieferanten profitierte seinerzeit von den Kühlmöglichkeiten des durchfließenden Eisbachs, dieser ist hier auch heute noch zu sehen.

St.-Anna-Str. 10
www.hotel-opera.de

21 The Upper Club

Der hippe Sneakers Store präsentiert seine schönsten Schuhe übersichtlich in der raumgreifenden Mahagoni-Nischen-Vitrine. Das junge Team und Konzept verblüfft mit gediegenem Herrenclub-Ambiente samt klassischen Chesterfield-Sofas, lässt aber modisch mit Labels wie New Balance, Asics, Nike und Co. absolut keine Wünsche offen. Dazu gibt es ausgewählte Kleidung und Accessoires.

Thierschstr. 14
www.the-upper-club.com

22 Nage und Sauge

Drei Enten weisen den Weg zu den legendärsten Focaccias der Stadt mit Namen wie »Ente Elvis« oder »Beluga Bill« – fast alles bio und immer gut. Mein Geheimtipp aber sind »Paddy's Penne«! Als Dessert muss es der Limetten-Cheesecake sein, ein Stück reicht aber locker für zwei. »Nage und Sauge« bitte nicht französisch inspiriert aussprechen, der Name ist Programm und nur eine etwas nettere Umschreibung.

Mariannenstr. 2
www.nageundsauge.de

MEIN ISAR-LIEBLINGSSTRAND ZWISCHEN LUKASKIRCHE IM LEHEL UND HAIDHAUSEN

23 Philipp Vogt Interiors

Der Interiordesigner Philipp Vogt steht für eine wunderbar inszenierte Melange aus schwedischen und französischen Antiquitäten, die er mit Polstermöbeln im belgischen Stil aus eigener Fertigung vervollständigt. Dabei sind matte Pudertöne sein Markenzeichen und die kommen auch bei den handgefertigten Lampenschirmen zum Einsatz, mit denen kostbare, antike Vasen der Han-Dynastie illuminiert werden.

Adelgundenstr. 16
www.vogt-interiors.de

Norbert Schmitz

DER PARTYMACHER

VOM TÜRSTEHER ZUM PARTYMACHER – Stationen wie P1, Parkcafé, Babalu, Pacha und Paradiso machten ihn zur Nightlife-Legende. Norbert blickt zurück auf 25 Jahre Blub-Club-Partys. Aus den legendären Einladungen von damals entsteht heute Kunst, die erste Ausstellung wird gerade vorbereitet. Bei Vollmond steigen auf der Dachterrasse des Bayerischen Hofs die aktuell angesagen Blub-Club-Luna-Partys.

www.facebook.com/groups/blubclub

Was macht München für dich so besonders und liebenswert?
München ist weder Großstadt noch Dorf. München ist irgendetwas dazwischen, aber immer darin bestrebt gut zu sein. Meine Freunde und Bekannten machen es liebenswert!

Dein liebster Stadtteil und warum?
Das Gärtnerplatzviertel, weil ich dort wohne und weil es sich dort unter der Woche leben lässt wie in einem Dorf. Man kennt sich, grüßt sich und hat sich gern. Außerdem gibt es schöne Cafés im Viertel, viele davon mit Outdoor-Bereich wie im *Cotidiano* und dem *del Fiore* sowie eine hohe Dichte an guten Restaurants: Für die bayerische Küche empfehle ich die Restaurants *Beim Sedlmayr* und *Deutsche Eiche*. Für Liebhaber der thailändischen Küche das *YUM* und für Sushi das *Shizoo* in der Klenzestraße. Steht mir der Sinn nach veganer Küche, gehe ich gerne ins *Tian* in die Frauenstraße und für ein richtig gutes Steak ins *Goldenes Kalb* (Ecke Frauenstr./ Utzschneiderstr.). Aber natürlich gibt es hier und in anderen Vierteln noch viele weitere tolle Restaurants und Cafés!

»
MEINE NÄCHSTE STATION WIRD DIE CLUBLOCATION H`UGO`S TRESOR LOUNGE.
«

Wo frühstückst du in München am liebsten?
Im *Thompson* (S. 63), mir gefällt hier die schöne Einrichtung, der superfreundliche Service und es ist lecker. Im Sommer sitze ich auch gerne im *Café Forum*, wegen der großen Terrasse.

Welches Restaurant empfiehlst du für ein schönes Abendessen?
Erstens die *Spicery* (Weißenburger Platz 3), dort gibt es sehr gutes thailändisches Essen und mein Lieblinglokal, das *Makassar* (Dreimühlenstr. 25), mit seinen kreolischen Spezialitäten und seiner unbeschreiblichen Atmosphäre.

Der beste Ort für einen Drink?
Die Dachterrasse vom *Hotel Bayerischer Hof* oder die Terrasse der *Goldenen Bar* am Haus der Kunst. An kühleren Tagen gehe ich gerne in die *Theresa Bar* in Schwabing (S. 104).

Verrätst du uns deine Shopping-Geheimtipps?
Ehrlich gesagt gehe ich am liebsten ins *Ingolstadt Village*, da finde ich immer etwas. In München gehe ich in die *Solebox* am Altheimer Eck 6 für Sneakers und in den *Ruby Store* (S. 59) für Kleidung. Außerdem shoppe ich auch gerne im *POOL*

(Maximilians Str. 11) und im *Hirmer Studio* in der Kaufingerstraße.

Gute Freunde besuchen dich – was dürfen sie auf keinen Fall verpassen?

Das Münchner Umland mit dem *Starnberger See*, *Tegernsee* und dem *Chiemsee* etc., die Biergärten und meine Lieblingseisdiele, das *Al Teatro* in der Reichenbachstraße 11. Und ein Fußballspiel in der *Allianz Arena*! Im Winter würde ich mit ihnen in die Berge fahren, da ist es überall schön.

Wie verbringst du einen freien Tag in der Stadt?

Ich fahre zum *Starnberger See* nach Starnberg, miete mir dort ein Elektroboot und fahre in die Mitte des Sees. Dann genieße ich dort die Sonne, die Ruhe und den See als Ausgleich zu meinem Job. Wieder zurück, gibt's danach Eis im *Al Teatro*. In den Wintermonaten gehe ich außerdem gerne zum Skifahren auf die Zugspitze.

Wenn du ganz überraschend eine Stunde frei hast?

Trinke ich am liebsten irgendwo gemütlich einen Kaffee.

Wenn es mal nicht mehr München sein sollte, welche Stadt dann?

London, Miami, San Francisco, Rio, Hawaii, New York und viele mehr.

Gärtner-platzviertel

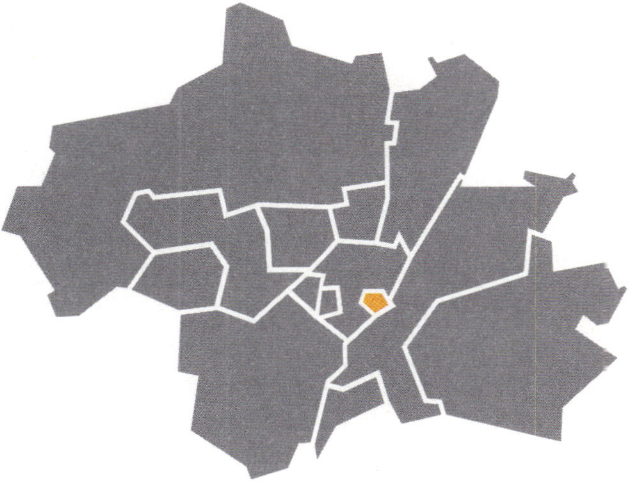

Einst Wohnzimmer von Fassbinder, war das Viertel rund um den Gärtnerplatz entlang des Glockenbachs bis zum Dreimühlenviertel in stetigem Wandel. Heute ist es eine der beliebtesten Gegenden für junge Familien, Youngsters und Nachtschwärmer. Hier finden sich Werkstatt-Lofts, rough und improvisiert eingerichtete Shops, trendige Klamottenläden und Highfashion neben Szenebars und Münchens schönsten Buchhandlungen.

✷ *Shops*

3 Gasoline Alley
4 House of Capulet
5 Delikatessen
6 Viu Eyewear
7 Ruby Saloon
8 Ruby Store
10 Fräulein Helene
11 Blumen Company
15 Hammer & Nagel
16 Pomadeshop
17 Am Einlass
18 Jewelberry
19 Soda Books
20 Wortwahl
22 Ladoug
23 Distorted People
24 PALMA KUNKEL
25 Ralf's Fine Garments
26 Werkstatt München
28 Wolff's Antikquarium
29 Zuckerschnürl
32 Umwerk
33 Klewitz
34 Kathrin Heubeck

Essen

30 Fugazi N°15
31 Das Maria

Café

9 Ooh Baby I like it raw
21 Man versus Machine

Nachtleben

1 Robinson's Bar
2 ChiChi
12 Thompson
13 Grey's Bar

Kunst & Kultur

14 Galerie Nischke

Hotel

27 Flushing Meadows

Frauenstr.
Utzschneiderstr.
Am Einlaß
Corneliusstr.
Rumfordstr.
Rumfordstr.
Blumenstr.
Reichenbachstr.
Buttermelcherstr.
Müllerstr.
Gärtnerplatz
Kolosseumstr.
Klenzestr.
Corneliusstr.
Baaderstr.
Fraunhoferstr.
Hans-Sachs-Str.
Frauen-
hoferstraße
Reichenbachstr.
Erhardtstr.
Westermühlstr.
Reichenbachbrücke
Baumstr.
Isar
Auenstr.
Ohlmüllerstr.
Wittelsbacherstr.
Weideninsel
Eduard-Schmid-Str.
Kolumbusstr.
Humboldtstr.
Kolumbusplatz
1
2
3
4
5
6
7
8
9
10
11
12
13
14
15
16
17
18
19
20
21
22
23
24
25
26
27
28
30
31

1 Robinson's Bar

»The Place to be« direkt am Gärtnerplatz. Am frühen Abend lässt es sich in dieser kleinen Bar herrlich in den Abend gleiten, die Drinks sind fantastisch und die Plätze draußen heiß begehrt. Stammgäste sind Skater, junge Kreative und Paradiesvögel. Zusammen mit den schönsten Mädchen der Stadt und den legendären Barkeepern ergibt das eine gute Mischung: hohe Barkultur in entspanntem Ambiente.

Corneliusstr. 14
www.robinsonkuhlmann.com

ARZT

2 ChiChi

Wenn's mal etwas mehr sein soll – Bar und Restaurant mit Dinnershow, Burlesque-Einlagen und gehobener, französisch-bayerischer Küche. Damen wie Miss Scarlett Martini sorgen für eine Prise verruchtes Amüsement. Der Service ist perfekt, das Ambiente gediegen, geprägt von Golddekor und dunklem Leder. Eine überdimensionale, gläserne Champagnerschale steht bei besonderen Showeinlagen mitten im Raum.

Rumfordstr. 2
www.chichi.de

3 Gasoline Alley

Get your kicks! American Style und Hommage an die legendäre Route 66. Burkhard Pflug – Allroundtalent, Exrennfahrer und begeisterter Segler – verkauft Klassiker aus jener Zeit, als Männer mit Bärten noch echte Männer waren. Biker-Boots, Lederjacken, Pomade und Trinkbecher sind meist von Hand gefertigt und immer handverlesen. Zeit sollte man mitbringen, denn Burkhard hat zu allem eine tolle Geschichte parat.

Corneliusstr. 5
www.gasolinealley.de

4 House of Capulet

Hier gibt es handgefertigten Schmuck von Nina Heyd, bewusst rough und uneben geschmiedet. In der Corneliusstraße haben ihre einzigartigen Stücke ein adäquates Zuhause gefunden. Für Schmuckliebhaber, bei denen Accessoires nicht nur als kleine Zierde, sondern als Statement getragen werden. Lieblingszitat oder eigene Worte werden gerne in Ringe, Anhänger oder in die Silberplättchen der Armbänder punziert.

Corneliusstr. 19
www.capulet.de

5 Delikatessen

Delikatessen der besonderen Art gab es hier schon, als Vintage noch ein Fremdwort war. Der spannende Mix aus Alt und Neu spiegelt die Liebe der Inhaber zu gut gemachten Stücken in überzeugender Formensprache und hochwertiger Verarbeitung wider. Die knallroten, alten Feuerwehr-Wasserkübel stehen übrigens auch auf meinem Balkon als Blumenübertöpfe, auf die mich Freunde immer wieder ansprechen.

Reichenbachstr. 24
www.delikatessen-089.de

6 Viu Eyewear

Framing characters. »Pilot«, »Curious« oder »Diplomat« heißt die handgefertigte Eyewear der italienischen Manufaktur. In Sachen Design verstehen sich die Italiener nicht nur auf visuelle Einrahmung. Die Location stellt sich als inspirierende Reminiszenz an den aktuellen Lifestyle dar. Nordisch dezent präsentiert sich das helle Holz als Kulisse für die edlen Brillen, den rauen Werkstattmöbeln verleiht es kühle Noblesse.

Reichenbachstr. 38
www.shopviu.com

7 Ruby Saloon
8 Ruby Store

Der Ruby Store führt Mode von Acne bis Hope für labelbewusste Männer und Frauen. Der schräg gegenüberliegende Ruby Saloon liefert das passende Schuhwerk dazu. Illuminiert wird der »schwarze Saloon in Cowboy-Optik« durch die leuchtende Kupferinstallation an der Decke. Ein schönes Pendant zu den handgestrickten Hüllen der Leuchtkörper des Ruby Stores.

Reichenbachstr. 37 + 32
www.facebook.com

9 *Ooh Baby I like it raw*

Liebevoll eingerichtetes Vintage-Café mit dem Feeling einer Mädels-WG-Küche und mit Mut zur Farbe Rot. Namensgeber ist ein Songtext und nicht das Motto der Küche, die Soul Food, Frühstück und Rohkost-Inspiriertes bereithält. Unbedingt die Sommerrollen probieren! Das sind vom Inhaberin Gianna Steigerwald speziell modifizierte, asiatische Glücksrollen, die Zutaten lassen sich ganz individuell zusammenstellen.

Rumfordstr. 39
www.facebook.com

10 Fräulein Helene

Hier gibt es feminine Retro-Mode vor Münchens schönstem Tapetenpotpourri in pudrigen Rosétönen. Der Laden von Elisabeth Reichhardt zeigt sich gelungen und glamourös wie das Ankleidezimmer einer Aktrice der 1920er oder 1930er Jahre. Fräulein Helene führt Kleider und Blusen im Vintage-Stil, Kreationen von Lena Hoschek, schöne Dirndl und dazu passende, auffallende Schuhe.

Rumfordstr. 45
www.fraeulein-helene.de

11 Blumen Company

Blumenladen von Julius Linke, dem Grandseigneur unter den Floristen und Hoflieferant der edlen Stores auf Münchens Luxusmeilen. Jenseits der fantastischen floralen Opulenz ein absolutes Muss für Besucher auf exklusiver Souvenirsuche. Wunderschön inszenierte Sunburst-Spiegel und Lüster mit Bronzen, Kerzenleuchtern und antike Amphoren gesellen sich zu Voluspa-Kerzen und edlem Geschirr von Sofina. You will love it!

Rumfordstr. 43

www.blumencompany.de

12 Thompson

In unmittelbarer Nähe des Viktualienmarkts liegt das Thompson. Im Stil eines modernen Herrenclubs gehalten, mit Kaminzimmer, Lounge, Besprechungsraum und ausgesprochen bequemen Sesseln, ist die Bar ein idealer Stopp vor der nächsten Tour. Damen sind natürlich willkommen und Kaffee gibt es schon ab 8 Uhr, das Mittagsangebot wechselt täglich und am Abend locken leckere Tapas.

Rumfordstr. 42
www.kwag.de/thompson

13 Grey's Bar

Kurzurlaub in der eigenen Stadt? Bei gut gemachten Drinks abhängen, Luxus genießen und Besuchern aus aller Welt zuschauen. Im Grey's, Hausbar des eleganten Stadthotels H'Otello, findet sich all das auf dem sich durch den Raum schlängelnden Sofa und gepimpten alten Barhockern, mit aufmerksam-entspanntem Barkeeper hinter dem Tresen. Ein spannender Mix aus 1970ies und edler Jetztzeit!

Baaderstr. 1
www.hotello.de/b01-muenchen

14 Galerie Nischke

Nichts schmerzt den Reisenden mehr als eine verpasste Gelegenheit. München-Besucher, die beispielsweise die Glück verheißende Nase des Residenzlöwens (zu sehen vom Fenster des Stereo Cafés S. 35) nicht streicheln konnten, können ihn hier auf Papier gebannt oder als Mitbringsel erwerben. München »vertikal« in klein und groß, fast ausschließlich in s/w, dazu kleine bibliophile Kostbarkeiten vor rohen Ziegelwänden.

Baaderstr. 52
www.nischkemuc.com

15 Hammer & Nagel

Hier sind Männer unter sich! Da bleibt den Frauen nur der Blick durchs Fenster in die stylishe Werkstatt für Männerhände, die eher an einen Biker-Laden erinnert. An alten Werkbänken wird gefeilt und gehobelt, bis Hände und Füße wieder samtweich sind. Umfassende Pflegetreatments gibt es im Separee. Die verwendeten Werkzeuge, Öle, Seifen und Cremes der Hausmarke gibt es auch für Zuhause.

Blumenstr. 3

www.hammerundnagel.de

16 Pomadeshop

Die Welt von Clark Gable und Co. trifft im kolonialen Ambiente auf den modebewussten Bartträger von heute. Die Auswahl an Pomaden, Hair Tonics und ausgefallenen Männerdüften scheint grenzenlos. Fasziniert vom edlen Glanz und den bewährten Produkten vergangener Zeiten, hat Gründer Sean Solden in München den ersten Pomadeshop mit der weltweit größten Auswahl an nostalgisch gestylten Produkten eröffnet.

Blumenstr. 3

www.pomadeshop.com

17 Am Einlass

Eine einzigartige Mischung aus Vintage-Möbeln und antiken Kunstobjekten bietet der Antikladen in unmittelbarer Nähe des Viktualienmarktes. Aus aller Welt hat Besitzer Wolfgang Maurer Unikate zusammengetragen, fertigt Tische und kombiniert historische Bauelemente und Industrial Chic zu einem einzigartigen Ensemble. Weitere Schätze birgt sein Hausmeisterhof in Kolbermoor bei Rosenheim.

Am Einlaß 1
www.ameinlass.de

18 *Jewelberry*

Schönes Mädchenzimmer in zarten Tönen und sparsam gesetzten Accessoires der 1950er. Die kleinen Schubladenvitrinen und die Theke im Raum bergen zarten Mädchenschmuck. Die gesamte Jewelberry-Kollektion gibt sich weiblich-filigran und wird besonders gern auch verschenkt. Für alle, die nicht zu den Öffnungszeiten kommen können: Im Automaten vor der Tür gibt es die kleinen Schönheiten schon für 4 Euro.

Utzschneiderstr. 10

www.jewelberry.de

19 *Soda Books*

Snapshots der modernen Welt. In betont schlichtem Interieur glänzt hier das internationale Who is Who der modernen Print-Szene aus den Bereichen Architektur, Grafik, Interior-Design, Fotografie, um nur einige zu nennen. Abseits des Presse-Mainstreams sind in den Regalen nahezu alle relevanten internationalen Magazine und ausgesuchte Bücher im Broschurdruck zu finden, auch begehrte Erstausgaben.

Rumfordstr. 3
www.sodabooks.com

20 Wortwahl

Nach einer kleinen Pause auf dem Gärtnerplatz unbedingt in eine der besten Buchhandlungen Münchens in Sachen Kunst-, Artist-, Arts and Crafts-, Mode- und Kinderbüchern reinschauen. Im Papeterie-Laden nebenan können die passenden Tools wie Masking Tapes, Stempel, Papier, Garn & Co. erstanden werden. Neben DIY-Büchern findet sich hier eine große Kochbuchauswahl für Cake-Pop-Fans und Food-Lover.

Reichenbachstr. 15
www.facebook.com

21 *Man versus Machine*

Mein Aufputsch-Tipp nach anstrengender Shoppingtour: das trendige Tagescafé mit eigener Kaffeerösterei, die von der Theke aus einsehbar ist. Die sortenreinen Bohnen werden liebevoll handgebrüht oder im italienischen Stil serviert. Auf dem rustikalen Theken-Holzblock thronen die schönen Siphons aus Messing und Glas. Die Kaffeebohnen können vor Ort gekauft oder später im Onlineshop bestellt werden.

Müllerstr. 23
www.mvsmcoffee.com

22 Ladoug

Eine ganz eigene Melange glänzender Zutaten – Ladeninhaberin Andrea Ladoug beherrscht die wunderbare Form des urbanen Upcyclings. Die Setdesignerin zeigt Schätze von Marokko über die Alpen bis Frankreich vervielfältigt durch antike Spiegel Fantastische Textilien, Geschirr von Astier de Villatte und hinreißendes Glas, illustre Leuchten und ausgefallene Möbel gehören zu ihrem Repertoire.

Müllerstr. 30

www.ladoug.de

23 Distorted People

Die Jungs von Distorted entwerfen nicht nur Mode für Männer mit Ecken und Kanten, sie setzen auch absolut trendgerecht auf wirkungsvolle Patina statt Münchner Glamour. Ein Highlight unter den Flagship-Stores! Die Fusion zwischen urbanem Barber Chic und Vintage Butcher Style spiegelt sich als perfekt installierte Filmkulisse wider, in der die integrierten Friseurstühle auch tatsächlich genutzt werden.

Hans-Sachs-Str. 3–5
www.distortedpeople.com

Barber
Butcher

24 PALMA KUNKEL

Wenn mich die Sehnsucht nach den Schätzen vergangener Epochen packt, führt der Weg zu PALMA KUNKEL. Mariele Liebl beherbergt in ihrem kleinen Vintage-Laden entzückenden Antik-Schmuck und Mode-Accessoires früherer Zeiten. Von der Ledertasche über Schmetterlings-Schaukästen bis hin zu wunderschönen Kimonos – nicht nur Theaterausstatter lieben diesen Shop!

Fraunhoferstr. 5
www.palmakunkelvintage.tumblr.com

25 Ralf's Fine Garments

»Seeker for Seekers« so das Selbstverständnis des Inhabers Ralf Fischer. Er führt Mode für Männer, die das Besondere des Understatements mehr lieben als modischen Mainstream. Ausgewählte Marken aus kleinen Manufakturen, die traditionelles Handwerk mit zeitgenössischer Funktion verbinden, spielen deshalb im Laden die Hauptrolle. Keine kurzlebigen Geschichten, hier finden sich Begleiter fürs Leben.

Fraunhoferstr. 29
www.ralfsfinegarments.com

26 Werkstatt München

Wohl Münchens imposantester Showroom und die richtige Bühne für die Schmuckstücke von Klaus Lohmeyer, die hier in der Werkstatt für angesagte Shops weltweit gefertigt werden. Schmuck für Frauen und Männer, entworfen ohne Kompromisse, aber mit unglaublich charmanter, weicher Anmutung für den harten Kern, der in ihnen steckt. Den Silberschmuck ergänzen Gürtel, Taschen und wunderschöne Mützen aus Kaschmir.

Fraunhoferstr. 31/Rückgebäude
www.werkstatt-muenchen.com

27 *Flushing Meadows*

Eine Glühbirnen-Installation in den Fenstern des ehemaligen Telekomgebäudes weist den Weg zum Shootingstar am Münchner Hotelhimmel und meinem Lieblingshotel. Lofts und Penthouse wurden von Designern, Musikern und Münchner Originalen wie »Charles Schumann hat's mit Japan« gestaltet. DJ Hell schuf eine Geisterbahn. Der Ausblick von der Dachterrasse der öffentlichen Hotelbar ist fantastisch!

Fraunhoferstr. 32

www.flushingmeadowshotel.com

28 Wolff's Antikquarium

Münchens schönstes Panoptikum! Thomas Wolff kennt keine Design-Dogmen und mischt mit Leidenschaft und Humor die unterschiedlichsten Stile. Seine Collagen tragen eine eigenwillige Handschrift, präsentiert wird erst, wenn das Ensemble stimmig ist. Statt auf Prestige der Objekte setzt Wolff auf Originalität. Sammler auf der Suche nach schrägen, ungewöhnlichen Objekten kommen am Antikquarium unmöglich vorbei.

Fraunhoferstr. 34
www.antikquarium.de

29 Zuckerschnürl

Dieser Concept-Store befindet sich direkt an den Isarauen. Jede Menge Geschenke, Kissen und Kleinmöbel im Nordic Style, coole Kleidung für Kids sowie Spielzeug von hoher Qualität entzücken Groß und Klein. Für ein entspanntes Shoppen werden Papas und Kinder im Fugazi N°15 (S. 84) geparkt und Mamas können in Ruhe aussuchen – oder die Kleinen werden mit »Enten füttern danach« an der nahe gelegenen Isar belohnt.

Auenstr. 29

www.zuckerschnuerl.de

30 Fugazi N°15

Eleganter Italiener mit überhaupt nicht überzogener Cucina und gerade deshalb mein Tipp – die besonders belegte Pizza ist superlecker. Auch fantastisch klingenden Kombinationen darf bedenkenlos vertraut werden. Einen der sonnigen Sitzplätze draußen zu ergattern ist Glück pur, aber Kaffee und Kuchen überzeugen auch drinnen. Mein Lieblingsbereich dort? – Ich kann mich einfach nicht entscheiden.

Wittelsbacherstr. 15
www.fugazi-munich.de

THE ORIGINAL
FUGAZI
N°15
LUNCH DINNER COFFEE
BREAKFAST
LUNCH
CUCINA
Lasagne
Risotto Milanese
FUGAZI Burger
CALAMARI
PIZZA
SALMONE
SALSICCIA
TONNO
CAPRESE

31 Das Maria

Mein persönlicher Frühstückstipp! Während alle meine Freunde die große Terrasse lieben, sitze ich genauso gerne drinnen. Das Maria mit seinen puristischen Betonwänden war Trendsetter für diesen Stil und hat bei mir auch deshalb einen Stein im Brett. Die Holzmöbel haben an Patina gewonnen, die Mariensammlung wie auch die Küche und die dekorativen Elemente sind nach einem Besitzerwechsel noch lieblicher geworden.

Klenzestr. 97

www.dasmaria.de

32 Umwerk

Von außen wirkt das Umwerk recht unscheinbar, dabei ist es ein Mekka für Papierfetischisten. Die oft von Grafikern gestalteten Papiere, Girlanden, Karten oder Tapes lassen das Herz von Papier- und Gestaltungsfreaks höherschlagen. Eine schöne Geschenkidee sind die Künstler-Grafik-Bücher in Kleinstauflagen. Neue Sortimentsfremdlinge sind die veganen Turnschuhe aus 100 Prozent Fairtrade mit Kultpotenzial.

Dreimühlenstr. 26
www.umwerk.de

33 Klewitz

Das kleine Wohnkaufhaus ist eine der inspirierendsten Locations in München und einer meiner Lieblinge. Die Macher huldigen in ihrem Ladenloft dem stetigen Wandel, greifen laufend Neues auf und gestalten mit Mut und Nonchalance, so fügen sich Möbel, Objekte und Accessoires in jedes Interieur. Sie kombinieren maßgeschneiderte Stücke aus eigener Werkstatt mit Altholz, Industrial oder Shabby.

Dreimühlenstr. 40

www.klewitz-diewohnung.de

34 Kathrin Heubeck

Purism at it's best. Für mich gibt es bei Kathrin Heubeck die besten Taschen der Stadt: Kein Schnickschnack, keine Logos nichts Überflüssiges – die Taschen betören durch ihre schlichten Formen und das außergewöhnlich hochwertige Leder. Neben klassischem Schwarz, Grau- und Brauntönen kreiert die Designerin auch tolle Modelle in auffallenden Farben. Open Studio ist immer donnerstags.

Ehrengutstr. 5
www.kathrinheubeck.com

Michael Wiethaus

AKA »DER MIXEN«

KEIN FREUND GROSSER WORTE, ein bisschen grantelnd und sehr aktiv in Münchens Kreativszene, das ist Michael Wiethaus. Er ist Dozent an der IFOG-Akademie, genialer Grafiker und Mitarbeiter des Skate-Shops *shrn*. Er kuratiert Ausstellungen zum Thema Skaten mit Titeln wie »Außer Mützen und cool sein« und betreibt mehrere Blogs. Sein Motto: »Ich mache! Und lass andere reden …«

www.wiethausmichael.de

Was macht München für dich so besonders und liebenswert?
Mir gefällt die »Leben und leben lassen«-Attitüde hier sehr. Die meisten arbeiten viel, aber es gönnt sich hier jeder mal einen frühen Feierabend oder einen freien Tag. Nicht umsonst sagt man, München sei die nördlichste Stadt Italiens. Seit der Renaturierung ist die Isar im Sommer mit dem Englischen Garten und seinem Eisbach das Beste, was es gibt. Der Münchner Dialekt ist auch etwas sehr Besonderes, finde ich.

Dein liebster Stadtteil und warum?
Das lässt sich so gar nicht genau sagen, denn jeder Stadtteil hat seinen ganz eigenen Charme. Man muss auch unterscheiden, wo man wohnt, arbeitet und einfach so hingeht. Ich wohne in der *Maxvorstadt* und das auch sehr gern, weil es ein bisschen »ab vom Schuss« ist und man seine Ruhe hat. Es gibt dort eine unglaubliche Vielfalt an Essensmöglichkeiten. Trotzdem bin ich den Großteil meiner Zeit im *Glockenbach-Viertel*, ganz einfach, weil ich da arbeite und oft ausgehe. In *Giesing* bin ich auch gern, weil ich 60er-Fan bin und viel Zeit im und um das Stadion verbracht habe.

> **» MIR GEFÄLLT DIE »LEBEN UND LEBEN LASSEN« -ATTITÜDE HIER SEHR. «**

Wo frühstückst du am liebsten?
Im *Café Josefina*, *Trachtenvogel* oder *Baader Café*. Weißwurstfrühstück oft und gerne beim *Wurschtstand Teltschik* am Viktualienmarkt. Vor der Arbeit ist meine erste Anlaufstelle das *Café Emilo*.

Welches Restaurant empfiehlst du für ein schönes Abendessen?
Ich liebe die kleinen asiatischen Garküchen und türkischen Grillhäuser in der Maxvorstadt und rund um den Hauptbahnhof. Wenn ich bayerisch essen möchte, dann gehe ich in die *Burg Pappenheim*. Oft bin ich auch in meinen Lieblingslocations *Nage und Sauge* (S. 40), *Hey Luigi* und im *Attentat Griechischer Salat* (S. 172).

Der beste Ort für einen Drink?
Das ist die *14* (*Robinson's Bar*, S. 52). In meinen oben genannten Lieblingslocations bleibe ich nach dem Essen gerne noch sitzen und switche dann direkt auf Drinks über. Ansonsten gehe ich auch gerne in die *Goldene Bar*.

Verrätst du uns deine Shopping-Geheimtipps?
Da ich ja selber in einem Laden arbeite, gehe ich nicht oft shoppen. Wenn, dann gehe ich bei Freunden

und Bekannten einkaufen. Das wären z.B. *A Kind of Guise* (S. 107), *Bean Store* (S. 103), *Schwittenberg* (S. 28), *Flottenheimer*, *Tint* oder *Münzinger*.

Gute Freunde besuchen dich – was dürfen sie auf keinen Fall verpassen?

Haus der Kunst oder *Stadtmuseum*. Zur Stärkung dann auf den *Viktualienmarkt* oder in die *Burg Pappenheim*. Ein Besuch bei uns im Laden darf natürlich auch nicht fehlen. Abends dann entweder in die vorhin genannten Bars oder auch gerne in meine Lieblingsboazn *Bei Otto*.

Wie verbringst du einen freien Tag in der Stadt?

Ein leckeres Frühstück einkaufen und dann mit dem Rad an die *Isar* und Zeitung lesen. Dann vielleicht eine Runde Skaten oder Radl fahren, Freunde treffen oder ins Museum. Im Anschluss in den Biergarten am *Viktualienmarkt* oder essen gehen. Wenn gerade nichts Spezielles anliegt, dann einfach in die *14* auf einen Absacker.

Wenn du ganz überraschend eine Stunde frei hast?

Stehausschank am Augustiner Glöckl am Dom.

Wenn es mal nicht mehr München sein sollte, welche Stadt dann?

Hamburg oder London.

Shops

4 Koton
6 Kremer Pigmente
8 Bean Store
10 Saffeels
11 A Kind of Guise
12 The second Gerdismann
14 Moine and Rise
15 Blueboxtree
16 Hannes Roether
18 Amber Lounge
20 Carta Pura
21 Schlicht Designmöbel
23 Azzurina
24 Cremebar
26 Sunday in Bed
28 La Boutique de Marie
30 Cheers from Downtown
33 Natascha Müllerschoen

Essen

9 Theresa Restaurant
13 Die Waldmeister
17 Cantine Cantona
22 Elisabethmarkt
29 Dompierre
31 Alles Wurscht

Café

1 Café Ella
5 Café Daddy Longlegs
7 Vorhölzer Forum
19 Lost Weekend
25 Tagescafé
32 Café Reitschule

Kunst & Kultur

2 Garten Lenbachhaus
3 Glyptothek
27 Ingo Maurer Showroom

Schwabing

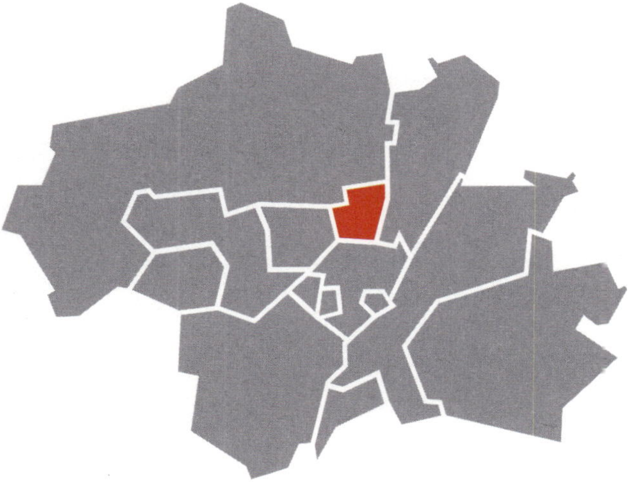

Bunt, legendär und im Wandel. Alteingesessene Bohème trifft in Schwabing auf studentischen Zuzug. Rechts und links der Leopoldstraße, einst Münchens Prachtboulevard, gibt es kleine Ladenateliers und hippe Fashion Stores zu entdecken. Im angrenzenden Kunstareal nahe der Pinakothek finden Sammler nicht nur begehrte Objekte – hier wird Kultur getankt. Für Nostalgiker lohnt sich ein Gang durch Altschwabing mit pittoresken Häuschen direkt am Englischen Garten.

1 Café Ella

Das Museumscafé und -restaurant des Lenbachhauses verbindet Kulinarik mit bildender Kunst und glänzt mit einem fantastischen Ausblick auf den Königsplatz. Im Inneren schuf Thomas Demand mit zwei Arbeiten die künstlerische Verbindung zum benachbarten Lenbachhaus. Die Küche trägt der alten Italiensehnsucht der Münchner aufs Trefflichste Rechnung, ganz besonders im Sommer auf der riesigen Terrasse.

Luisenstr. 33

www.ella-lenbachhaus.com

2 Garten Lenbachhaus

Zwischen 1887 und 1890 ließ der Münchner Malerfürst Franz von Lenbach sein Atelier, Wohnhaus und Garten durch den renommierten Architekten Gabriel von Seidl errichten. Für mich impliziert dieser wunderschöne und noch dazu frei zugängliche Garten die Geschichte einer Epoche – im Garten der Gründerzeitvilla lässt es sich wunderbar hineinträumen in die glanzvollen Feste seiner Zeit.

Luisenstr. 33

www.lenbachhaus.de

3 Glyptothek

Münchens beste Sonnenterrasse mitten im Kunstareal: die Freitreppe zur Glyptothek, erste Adresse für alle Sonnenanbeter und Portal in die heiligen Hallen der Glyptothek mit ihren Antiken und dem schlafenden Faun. Mittendrin Münchens erstes Museumscafé mit kleinem Hofgarten, in dem man auch ohne Museumsbesuch frühstücken kann. Von hier aus ist es nur ein Katzensprung in die Antikensammlung, die Pinakotheken sind gleich gegenüber.

Königsplatz 3

4 Koton Design Classics & Koton Vintage

Gleich gegenüber dem Kunstareal gibt sich eine illustre Gesellschaft internationaler Designklassiker die Ehre. Als wirkungsvolle Bühne präsentiert sich ein gänzlich schwarzer Raum auf der einen Seite des Shops, der den edlen Stars von Eames und Co. zu einer fulminanten Wirkung verhilft. Im hellen Part des Ladens wird die Neuware von Classicon, Vitra, Knoll u. a. ausgestellt.

Barer Str. 38
www.koton.de

5 Café Daddy Longlegs

In entzückendem Ambiente gibt es hier Healthyfood wie Quinoa und Acaifrucht und was sonst an Gesund-Veganem auf dem Markt ist. Schwebende Tolix-Stühle erinnern an ein altes Kinderkarussell und geben dem Raum eine wunderbare Leichtigkeit. Wer es lieber geerdet mag, sitzt am Tisch und bewundert meine Lieblingsfliesen aus farbigem Beton, die Boden und Theke des Cafés zieren. Sehr netter Service!

Barer Str. 42

www.daddy-longlegs.de

6 Kremer Pigmente

Mein persönliches Farbenparadies und einer der besten Läden in Sachen Pigmente. Allein der Blick auf die unzähligen Pinsel und Materialien für Künstler und DIY-Liebhaber und die nach Farben sortierten Pigmente lohnen den Sprung aus dem Kunstareal über die Straße. Das kompetente Team bestimmt sogar anhand eines Zeitungsausrisses die richtige Farbmischung und sucht die passenden Pigmente und Leime aus.

Barer Str. 46

www.kremer-pigmente.de

7 *Vorhölzer Forum*

New York en miniature nahe den Pinakotheken. Münchens schönste Dachterrasse mit Blick auf die Frauenkirche und an klaren Tagen sogar auf die Alpen. Folgen Sie in der Technischen Universität den Beschilderungen in die luftige Bar mit grandiosem Ausblick. An warmen Tagen nicht gleich in die Schlange innen einreihen, draußen auf der Terrasse geht es schneller und ist viel schöner!

Institutsbau Südterrasse
Arcisstr. 21 / R. 5170
www.vf.ar.tum.de/cafe/

8 Bean Store

Szeniger Laden, der tragbare, weibliche Mode mit Avantgarde-Appeal inszeniert. Modejournalistin und Kunsthistorikerin Laura Bohneberger legt viel Wert auf persönliche Atmosphäre und ehrliche, offene Beratung. Anekdoten statt verkaufsförderndes Gequatsche, so ihr Motto. Shoppen ohne Eile oder einfach schauen, das alles zwischen Acne, Comme des Garçons, Carven und v. a., dazu ausgewählte kleine Accessoires.

Theresienstr. 25
www.bean-store.de

9 Theresa Restaurant

Frontcooking at it's best. Gäste dürfen hier nicht nur beim Braten und Brutzeln der leckeren Gerichte zuschauen, sondern auch beim Backen. Industrial Interior paart sich mit nobler Eleganz: Sesshafte begeben sich ins Separee, Eilige an die Bar. Wer sehen will, was los ist, bleibt im Loungebereich mit Blick auf die Straße. Schöne Details wie die Brotkörbe aus Leinen oder der alte Hackstock mitten im Raum bestimmen das Bild.

Theresienstr. 31

www.theresa-restaurant.com

10 Saffeels

Lust auf den sexy Look der Stars der 1950er Jahre? – Dann ab zu Saffeels. Inhaberin und Allrounderin Sandy Saffeels hat sich mit ihrem kleinen Shop im Fifties-Style einen Traum erfüllt. Der Shop, eine Hommage an den Stil der Zeit, birgt neben den coolsten Vintage-Brillen der Stadt noch andere Raritäten wie Taschen, Schuhe und modische Accessoires. Alles im schicken Retro-Stil für Fifties-Fans.

Barer Str. 63

www.saffeels.com

11 A Kind of Guise

Auf der Suche nach Tumblr- und Instagram-Feeling sowie schönen Dingen ist das garantiert meine erste Adresse. Das Münchner Label lässt ausschließlich von kleinen Manufakturen in Deutschland produzieren und glänzt vor allem durch edle Materialien wie Harris Tweed oder Wolle von Loden-Steiner. Das hippe Design ist immer am Puls der Zeit und kommt ganz ohne Verkleidungsattitüden aus.

Adalbertstr. 41b
www.akindofguise.com

◆ 12 *the second Gerdismann*

Ein Shoppingparadies für Männer! Gründerin Gerdi Tiroch prägte den Gerdismann-Style, der heute von Nina Bauer mit Leidenschaft weiter zelebriert wird. Der Secondhand-Shop besticht durch ausgesuchte, extravagante Herrenmode, die Nina mit sicherem Händchen kombiniert. Vintage-Stücke aus aller Welt bilden die Kulisse für Secondhand-Mode von Acne, Etro und Patagonia.

Barer Str. 74

www.thesecond-gerdismann.de

13 Die Waldmeister

Spröder Charme der Einfachheit und dennoch nicht von gestern. Dank der alten Möbel fühlt man sich trotz aller Modernität wie in einer gemütlichen Bergstube. Die zeitgenössische Typografie an den Wänden bildet einen schönen Kontrast, der sich auf der liebevoll gestalteten Speisekarte wiederholt. Das Geheimnis der immer glänzenden Kupfertheke konnte ich lüften – sie wurde mehrfach lackiert. I love it!

Barer Str. 74

www.diewaldmeister.com

14 Moine and Rise

Home Goods, die das Leben verschönern. Die Münchnerinnen Aline Riedel und Monika Rose haben sich ganz und gar dem Mix & Match verschrieben. Die eklektische Melange besteht aus alten Möbeln, die mit modernen Accessoires, Nostalgischem und Pflanzen inszeniert werden. Alte Siebe und Balken dienen als Regal, zwischen Böcke gespannte Seile als Papierhalter. Inspirativ und mit ganz eigener Handschrift.

Adalbertstr. 35

www.moineandrise.com

15 *Blueboxtree*

Ausgefallene Produkte für besondere Momente. Hier gibt es alles für Partymäuse, Hochzeiter und Geburtstagskinder. Vom farbigen Marmeladenglas mit gestanztem Strohhalmdeckel bis zur Partydekoration für jeden Anlass. Piratenparty, Prinzessinnen-Defilee, Superheldenevent, Keksstempel für Bäckerinnen oder wunderschöne Verpackungen – mit den dekorativen Accessoires wird das nächste Fest ein Hit!

Türkenstr. 76

www.blueboxtree.com

16 Hannes Roether

Der Charme des Verfalls eines alten Blumenladens wird hier zur Bühne für die Kollektionen mit Patina und Arbeiter-Attitüde des Meisters Hannes Roether. Die Mode für Frauen und Männer in dezenten Farben ist pur, ursprünglich und »manufactured«, dabei detailverliebt und von hoher handwerklicher Qualität. Immer donnerstags huldigt der Designer der ehemaligen Inhaberin – dann kommen frische Blumen.

Türkenstr. 94

www.hannesroetherinternational.de

17 Cantine Cantona

Kantinen-Flair reloaded und das vom Feinsten. Veredelte Klapptische vor der offenen Küche, in der die Meister aus feinen Zutaten einfache, aber exzellente Gerichte zubereiten. Beim neuesten Ableger des Flushing Meadows (S. 80) gibt es kein großes Chichi – weder bei Küche noch Interieur. Locker, unaufgesetzt und entspannt. Sonntags gibt es Brunch, im Sommer draußen mit Blick auf das quirlige Schwabing.

Schellingstr. 27
www.cantinecantona.com

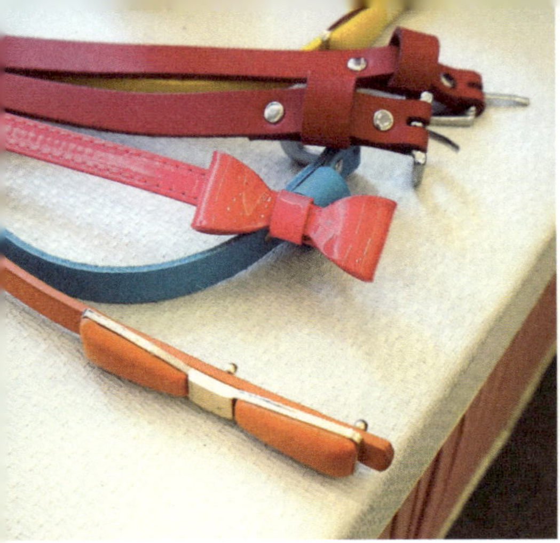

18 Amber Lounge

Der kunterbunte Salon von Marion Kleinert ist die erste Adresse, wenn es um Kleider im Stil der 1950er geht, die von der Inhaberin selbst gefertigt werden. Passend zum farbigen Interieur mit Boudoir-Anklängen werden kunterbunte Lingerie, aber auch angesagte Labels präsentiert. Zur Münchner Wiesn fertigt Kleinert auch Dirndl nach Maß. Dazu gibt es schöne Mitbringsel wie Handyhüllen, Schmuck oder Vintage-Taschen.

Türkenstr. 51
www.amberlounge.de

19 Lost Weekend

Das Wochenende ist hier in keinem Fall verloren – die Bürde, eine altehrwürdige Universitätsbuchhandlung in ein Lesecafé zu verwandeln, haben die Macher mit Bravour gemeistert. Bei leckerem Kaffee, Kuchen und kleinen Snacks lassen sich Bücher aussuchen oder die unzähligen Veranstaltungen studieren. Wem dabei das Geld ausgehen sollte: Ein Geldautomat schmiegt sich hier an die helle Holzwand.

Schellingstr. 3
www.lostweekend.de

20 Carta Pura

»Ohne sie kann ich nicht schreiben« – gemeint sind die schönen Buchblöcke, die noch auf ihren Deckel warten und neben anderem Buchbindebedarf bei Carta Pura zu kaufen sind. Papierliebhaber freuen sich über Münchens größte Auswahl an italienischen und japanischen Buntpapieren und hochwertigen Schreibwaren. Im hinteren Teil des Ladens werden die hauseigenen Produkte und Sonderanfertigungen hergestellt.

Schellingstr. 71
www.cartapura.de

21 Schlicht Designmöbel

Hinter dem Namen verbirgt sich klassisch-modernes Design, doch Namenspate war Inhaber Alexander Schlicht persönlich, der uns zeigt, dass auch die 1980er schönes Design zu bieten hatten. Seine Leidenschaft gilt raren Objekten des 20. Jahrhunderts: Möbel von Aldo Tura und Willy Rizzo, Stücke und Accessoires im 1970ies-Jetset-Style oder Ananas-Palmen-Lampen von Maison Charles Paris.

Georgenstr. 70
www.schlicht-designmoebel.com

22 *Elisabethmarkt*

Perfekt für eine Pause zwischendurch. Der kleine Stadtteilmarkt verführt mit vielen leckeren Snacks am Standl oder im Biergarten, verfügt über eine feine Auswahl an Delikatessen und Basics, die man einfach mit nach Hause nimmt, und betört mit schönen Blumen. Woran ich nie vorbeigehen kann: »Brotzeiten München«, Stand 9, bieten jeden Tag absolut köstliche frische Salate, Brote und Aufstriche.

Elisabethplatz
Brotzeiten Stand 9
www.brotzeitenmuenchen.de

Brotzeiten.
MÜNCHEN

Brotzeiten.

23 Azzurina

Ein Hauch der Hamptons weht durch den Laden von Innenarchitektin Julia Leimklef. Erste Adresse, wenn die Sehnsucht nach Sonne und Meer lockt. Helles Wohnen zwischen amerikanischem Westküsten-Style, niederländischem Vintage und skandinavischer Nostalgie. Weiß und Pastelltöne dominieren hier. Im Erdgeschoss ist alles auf Geschenkideen gerichtet, im ersten Stock werden Raumkonzepte entwickelt.

Hohenzollernstr. 70
www.azzurina.com

24 Cremebar

Hier finden sich jede Menge tolle Geschenke für gute Freundinnen. Mein Lieblingsladen, wenn es mal keine Blumen sein sollen. Die vielen tollen Beauty-Produkte werden in schön beschriftete Flaschen abgefüllt. Manche der edlen Scrubbing-Salze könnten sogar verzehrt werden. Alles zeigt sich wunderschön verpackt und wird aus natürlichen Produkten hergestellt. Beautybehandlungen werden auch angeboten.

Hohenzollernstr. 58

www.cremebar-muenchen.de

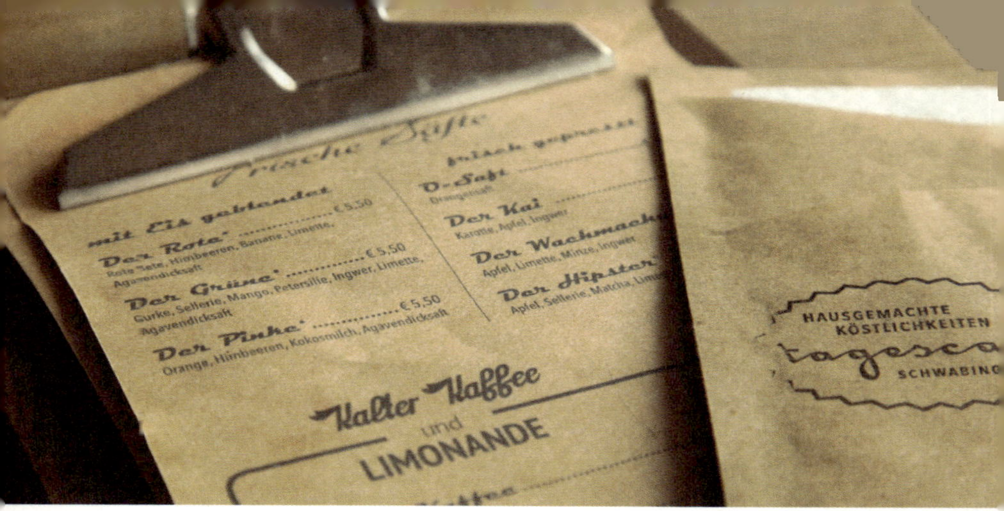

25 Tagescafé

Kaffee ist immer eine gute Idee! Den gibt es hier in guter Qualität und schönem Ambiente mit nachtblauen Wänden, hellem Holz und vielen liebevollen Details wie die gestempelten Bestecktaschen. Probieren Sie unbedingt die Rohkostsalate im Glas, der Thunfisch-Kichererbsen-Salat ist ein Gedicht! Wenn es schnell gehen soll, nehmen Sie sich einen Saft im stylishen Einmachglas und Strohhalm mit.

Hohenzollernstr. 41
www.tagescafe-schwabing.de

26 Sunday in Bed

Mein Bettwäsche-Favorit! Hinter Sunday in Bed verbirgt sich Ina Solbachs Bed & Homewear Collection »Okha«, die ich sehr liebe. Sie war eine der Ersten, die Toile-de-Jouy auf Bettwäsche druckte, und ihr Washed Linen gehört zu den schönsten Bezügen. Im Store gibt es alles rund ums Schlafen. Wäsche, Betten, ausgesuchte Wohnaccessoires und einen Kids Corner. Die schöne Typo an den Wänden weist den Weg.

Ainmillerstr. 28
www.sundayinbed.de

27 Ingo Maurer Showroom

Studioshowroomwerkstattatelier, so bezeichnet Ingo Maurer, Poet unter den Lichtdesignern, seine heiligen Hallen. Die wirken fast wie ein Privatmuseum, denn hier kann die ganze Pracht einer jahrzehntelangen Schaffensperiode bewundert werden: Klassiker, Neuentwicklungen, Prototypen und Modelle. Der Showroom ist öffentlich und Leuchten können gekauft werden.

Kaiserstr. 47
www ingo-maurer.com

28 La Boutique de Marie

Mein unverzichtbarer Tipp für Geschenke. Die Trendsetter in Sachen nordisch Style gepaart mit französischem Chic bespielen ein Universum unzähliger Interior-Accessoires sowie kleiner und großer Möbel. Mutter Virginie Grycza betreibt den Laden mit Tochter Marie und mixt skandinavische Leichtigkeit mit Industrial Touch. Zwischen Geschirr, Papeterie und Leuchten glänzt ausgefallener, aber erschwinglicher Silberschmuck.

Kurfürstenstr. 43

www.boutique-marie.com

29 Dompierre

Meine absolute Lieblingsbäckerei im französischen Stil! Die Kunden stehen Schlange für dieses leckere Baguette, das sich so leicht brechen lässt. In drei Läden in der Stadt verwöhnen die Franzosen die Münchner mit Baguette, Croissants, dem abgebildeten Pain d'Epi, herrlichen Tartes und Brioches. Ein bisschen im Stil des guten alten Tante-Emma-Ladens, fühlt man sich bei einem kleinen Frühstück ganz wunderbar!

Tengstr. 31

www.dompierre.de

30 Cheers from Downtown

Das Münchner Lebensgefühl einer jungen Generation ist hier besonders spürbar. Nicht nur Verkaufsraum, auch Place to be: Axel Schnerring und Partner Stefan Losert vertreiben in ihrem Laden mit dem Charme einer Studentenbude ihre eigene Mode und sehen sich als Plattform für junge, hippe Labels. Von Mode übers Skateboard bis zur Bambussonnenbrille gibt es hier alles.

Kaulbachstr. 44
www.shop.cfdt.de

SURFERS
SIMPLE LIFE??
THESE YOUNGSTERS ARE UNAWARE OF THE DANGERS AHEAD

31 Alles Wurscht

Wenn mich der Heißhunger nach Bratwurst und Pommes einmal überfällt, dann geht's ab nach Schwabing. In einem kleinen Häuschen am Nikolaiplatz dreht sich alles um die »Wurscht«. Kenner wissen: Im Sommer lohnt es sich, mal nach hinten durchzugehen. Im entzückenden Innerhof wird auf bunten Kissen unter Lampions Wurscht geschlemmt, was das Zeug hält. Häuschen und Garten können auch gemietet werden.

Nikolaiplatz 3
www.alles-wurscht.com

HEISS GELIEBTER, URBANER SURFER-SPOT AM EISBACH BEIM HAUS DER KUNST ZWISCHEN LEHEL UND SCHWABING

32 Café Reitschule

Der Klassiker nach einem Besuch im Englischen Garten. Im Sommer ist es auf der großen Sonnenterrasse oder im Biergarten natürlich wunderschön. Vorwiegend in den Morgenstunden können Besucher drinnen einem seltenen Schauspiel beiwohnen: Beim Frühstück lassen sich im Flair vergangener Zeiten durch die großen Glasfenster die morgendlichen Etüden der Reiter mit ihren Pferden bewundern.

Königinstr. 34
www.cafe-reitschule.de

33 Natascha Müllerschoen Couture

Natascha Müllerschoen ist eine der ganz Großen der Münchner Couturier-Szene mit sicherem Gespür für dezente Extravaganzen. Ihre Roben glänzen durch schlichte Schnitte, raffinierte Details wie Perlen, Bänder und Volants nehmen den klaren Linien ihre Strenge. Im wunderbaren Showroom setzt die Designerin ihre Roben und Wunderkammerobjekte ganz modern in Szene.

Siegesstr. 12

www.muellerschoen-couture.com

Jochen Hornberger

MODE MIT HERZBLUT

MODE ALS LEBENSGEFÜHL, ALS AUSDRUCK VON INDIVIDUALITÄT – Jochen Hornberger beugt sich keinem Modediktat, sondern kreiert mit seinem Partner aus ausgesuchten Labels den typischen MILK-Stil. Vintage-Objekte begleiten Mode, Schmuck und Schuhe in limitierten Farbkombinationen. »Uni« besitzt hier Seltenheitswert: Pattern love ist angesagt.

Milk Schwabing Schellingstr. 18, Milk Gärtnerplatz Reichenbachstr. 41
Instagram.com/milk_concept

Was macht München für dich so besonders und liebenswert?
»Weltstadt mit Herz« antwortet wahrscheinlich jeder – ich würde eher sagen »Weltstadt mit kleinen Distanzen«. Ich liebe es, dass ich, obwohl ich fast am Stadtrand wohne, schnell mit dem Fahrrad überall sein kann – ob im Grünen, im pulsierenden Zentrum oder in einem der charmanten, am Rand gelegenen Stadtteile.

Dein liebster Stadtteil und warum?
Da gibt es mehrere Antworten und am Ende ist es wahrscheinlich die Mischung der verschiedenen Facetten, die Münchens Stadtteile so liebenswert macht. Ich mag das Gärtnerplatzviertel besonders für seine Vielfalt und die vielen kleinen Läden. Ich mag die Maxvorstadt für ihre durchmischte Bewohnerschaft aus alten intellektuellen Schwabingern und jungem Studenten-Gemüse. Ich finde das klassische Schwabing lustig, weil es sich teilweise noch immer so wichtig nimmt. Haidhausen ist großartig, weil es sich durch seine Lage irgendwie immer das Dörfliche bewahren wird. Neuhausen entdecke ich mehrmals im Jahr für mich wieder neu und ich liebe auch Viertel wie Trudering, weil man dort buchstäblich noch »in der Kittelschürze« auf die Straße gehen kann, ohne dass es jemanden juckt. Es ist das große Ganze, was München so liebenswert macht.

» ES IST DIE MISCHUNG DER VERSCHIEDENEN FACETTEN, DIE MÜNCHENS STADTTEILE SO LIEBENSWERT MACHEN. «

Wo frühstückst du am liebsten?
Auf meiner Dachterrasse. Mit Mann, Hund und im Pyjama. Ich bekomme schlechte Laune, wenn ich mich für ein Außer-Haus-Frühstück erst herrichten muss und dabei schon fast verhungere.

Welches Restaurant empfiehlst du für ein schönes Abendessen?
Momentan steht das *Cochinchina* in der Kaiserstraße weit oben auf meiner Liste, nicht zuletzt wegen der gelungenen Einrichtung, auch wegen der Reispfannkuchen zum Selberrollen.

Der beste Ort für einen Drink?
Defintiv *Mauros Negroni Bar* in der Kellerstraße! Unaufgeregte, klassische Cocktailbar ohne Chichi und immer wieder tolle, neu kreierte Drinks und auch sehr leckere Küche. Immer wieder ein kleiner Flashback in die 1920er Jahre.

Deine Shopping-Geheimtipps?
Wenn's um Kleidung geht, natürlich unsere eigenen Läden, bei denen

wir sehr viel Liebe und Herzblut in die Auswahl der Kollektionen und Produkte sowie in die Präsentation legen. Für Frauen finde ich die Läden von *Nicole Mohrmann* (S. 18) unglaublich toll »kuratiert«, wie das heute so heißt, wenn man besondere Ware aussucht und die dann schön und individuell präsentiert.

Für Männermode abseits der großen Trends finde ich München nicht ganz einfach. Da picke ich hier mir und dort immer mal was raus und versuche, es untypisch zu kombinieren. Unser Nachbar *rocket.* in der Reichenbachstraße hat eine schöne, eher sportliche Selektion angesagter Brands.

Ich liebe auch den Secondhandladen *the second Gerdismann* (S. 108) in der Barer Straße, die Auswahl ist fantastisch. Ein wirklicher Geheimtipp ist *Palma Kunkel*, auch wenn es schwer ist, das Angebot zu beschreiben. Von Zigarettenspitzen über Biedermeierspiegel bis zum Kimono aus den 1920er Jahren findet man hier fantastische Kuriosa, die sich großartig als Mitbringel eignen, aber auch zum Selberbehalten.

Gute Freunde besuchen dich – was dürfen sie auf keinen Fall verpassen?

Ich versuche gerne, Besuch so zu legen, dass er am 1. Wochenende des Monats in der Stadt ist, und zwinge die Leute dann, sonntags früh aufzustehen, um zum Antikmarkt nach Keferloh zu fahren. Das ist mehr als Antik-Shoppen, es geht um den ganzen Event, die Atmosphäre und das Drumherum, das so herrlich unverfälscht ist.

Wie verbringst du einen freien Tag in der Stadt?

Auf jeden Fall etwas, was unseren Hund mit einbezieht! Zum Beispiel mit dem Rad die Isar so weit entlangradeln, bis die Stadt hinter einem liegt, z.B. zur *Waldwirtschaft* oder *Sankt-Emmeramsmühle*. Natürlich mit ausreichend vielen Badestopps, je nach Temperatur für Hund und Herrchen.

Wenn du ganz überraschend eine Stunde frei hast?

In der Nähe beider Läden gibt es jeweils eine fantastische Konditorei, *Mische* und *Schneller*, wo ich mich mit einer Tasse Filterkaffee und einem Stück hausgemachtem Kuchen gerne in die Sonne setze und den Gedanken freien Lauf lasse.

Wenn es mal nicht mehr München sein sollte, welche Stadt dann?

Entweder etwas ganz Kleines auf dem Land, da könnte ich mir zum Beispiel Wasserburg am Inn gut vorstellen, oder dann gleich nach London. Definitiv aber keine andere deutsche Großstadt!

MILK
nice things

WE RECOMMEND:
P.N.
ORSETS

Shops
3 Gabriele Wenzel
4 Blumen, die leben
5 Stephan Keller
7 Maisons
8 Papierladen Rosinger
9 Lilli & Karl
12 1260° Keramik
13 Medical Art
14 Anne von Wächter
15 Strandgut
16 Hide M
17 Anton Doll
19 Gunther Trost
20 Conways
24 Siebenmachen

Essen
2 Hofbräu-Keller
6 Daherkomma
21 Fiedler und Fuchs
25 Attentat Griechischer Salat
27 Upper Eat Side

Café
1 Livingroom
10 Café ZimtZicke
18 True & 12
23 Liebreich
26 Kaffee Sonnenschein

Kunst & Kultur
22 Rosengarten

Hotel
11 Hotel Stadt Rosenheim

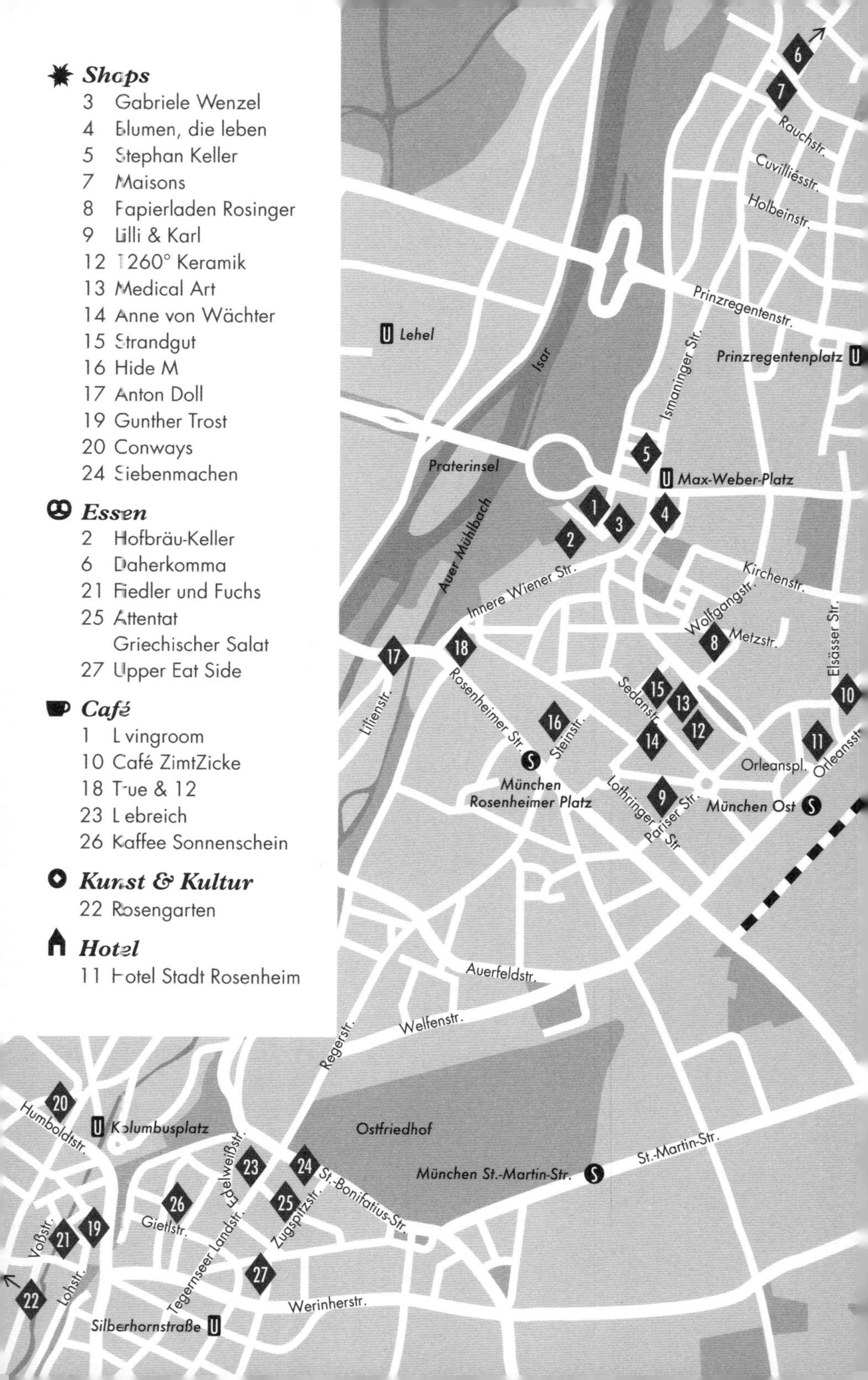

Haidhausen, Au, Giesing, Bogenhausen

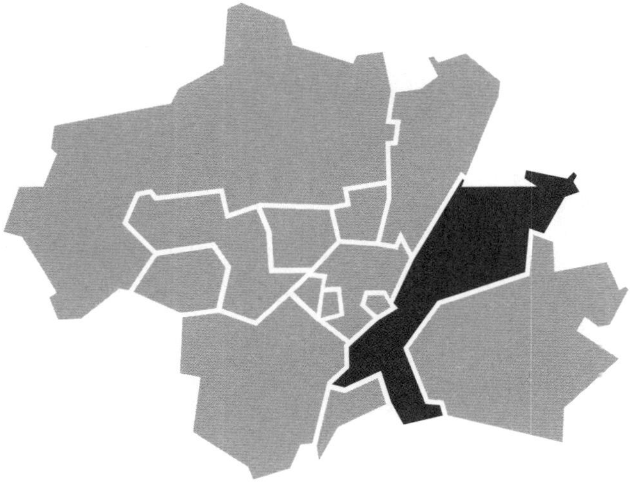

Nach einem Bier am Chinesischen Turm, Hot Spot des Englischen Gartens, geht es ins mondäne Bogenhausen, Sitz der Illustren mit famosen Architekturjuwelen. Vorbei am Friedensengel gelangt man ins beschauliche Haidhausen mit seinen kleinen Läden. Das bodenständige Giesing mit seinen aparten Arbeiterhäuschen und die angrenzende Au schließen den Gang am östlichen Isarufer ab – von hier gelangt man dann schnell wieder zum Gärtnerplatz.

1 *Livingroom*

Im süßen Tagescafé am lebhaften Wiener Platz lässt sich der Tag perfekt beginnen. Zur wunderbaren Welt von Stylistin Julia Prislin und Fotograf Gerald Klepke gehören nicht nur leckere Snacks – der Gurken-Shrimps-Salat ist legendär! Alle Fundstücke wie Möbel, Schmuck, Antikes und Accessoires können gleich mitgenommen werden. Ein schöner Startpunkt für einen Ausflug in die Residenz.

Wiener Platz 2
www.livingroom.la

OPEN
1853

2 Hofbräukeller am Wiener Platz

Münchner Klassiker und für mich einer der liebsten Biergärten der Stadt. Ein handgezapftes Radler und einen Schweinebraten dazu – perfekt. Neben bajuwarischen Standards gibt es auch Salate und leichte, moderne Küche. Wem der Garten zu voll wird, der setzt sich auf die angrenzende Kobellwiese. Im Winter verbreitet die Almhütte mit Skikabinen besonderes Flair.

Innere Wiener Str. 19

www.hofbraeukeller.de

3 *Gabriele Wenzel*

Direkt am Wiener Platz zeigen Mutter und Tochter, was abseits des modischen Mainstreams möglich ist. Die handgefertigten Jacken und Mäntel der Inhaberin sind legendär, die Auswahl an Vintage-Schmuck absolut extravagant. Die illustre Melange wird ergänzt durch ausgesuchte Kleinmöbel und Objekte, Skurrilitäten, besondere Taschen und Hundebetten, die passend zum Interieur angefertigt werden können.

Wiener Platz 7

www.gabrielewenzel.de

4 Blumen, die leben

Inhaberin Silke von Otto ist wie ich leidenschaftliche Flohmarktgängerin und verwebt die erstandenen antiken Schätze zwischen den Blumen zu einem beeindruckenden Gemälde. Kleine Madonnen stehen neben extravaganten Vasen, ein Jesusbild an der grünen Wand bewacht die Szenerie und ergibt zusammen mit der floralen Pracht eine opulente Inszenierung. Für Reisende auf der Suche nach charmanten Fundstücken.

Max-Weber-Platz 9
www.blumen-die-leben.de

5 Stephan Keller

Hinter mondäner Fassade, direkt am Max-Weber-Platz, verbirgt sich ein zweistöckiges Universum extraordinärer Wohnobjekte. Eklektische Leuchten im Sputnik-Schneeflocken-Style reflektieren ihr Licht in Spiegelkommoden. Zwischen stoffbespannten Tischleuchten, Fundstücken und einer großen Auswahl an Kissen aus Ikatstoffen bevölkert eine bunte Menagerie aus Tierbronzen den Raum: kleine Must-haves für Sammler.

Ismaninger Str. 5
www.stephankeller.com

6 Daherkomma

Große Küche im kleinen, ehemaligen Klohäuserl am Isarhochufer. Münchens »schönstes öffentliches Klo« glänzt mittlerweile in spektakulär-modernem Outfit und wartet mit kulinarischen Gaumenkitzlern wie Lachstatar und Bergkäsesupp'n bis Mitternacht auf. Kaffee und Kuchen schmecken draußen mit Blick auf den Herzogpark gleich noch viel besser. Die Kuchen im Glas sind ein schönes Mitbringsel.

Herkomerplatz 1a
www.daherkomma.de

7 *Maisons*

Die stilistischen Interior-Allrounder jenseits kurzlebiger Modetrends und mit ungewöhnlichem Gefühl für Farbe und Stoff sollten Sie sich auf keinen Fall entgehen lassen. Der Showroom der Münchner Inneneinrichterin Sibylle Gutgsell bietet kreativen Input und Inspiration. Die Fülle an tollen Geschenkideen überzeugt: Von schöner Papeterie über große Spiegelsterne bis hin zur Feinkost von Nicolas Vahé.

Rauchstr. 1/Eing. Ismaninger Str.
www.maisons-muenchen.de

◆ *8 Papierladen Rosinger*

Gleich neben den ehemaligen Herbergshäusern, in denen einst arme Tagelöhner lebten, fertigt der Familienbetrieb in angeschlossener Werkstatt Schmuckstücke aus kostbarem Papier. Vorne im Laden werden die schönen papierbezogenen Fotoalben, Klemmbretter, Stiftehalter und Schachteln verkauft. Das handwerkliche Sortiment ergänzen Buntpapiere wie Chiyogami oder Carta Varese sowie besonders hübsche Papeterie-Accessoires.

Metzstr. 33

LÄNDLICHE IDYLLE
MITTEN IN DER STADT
– HAIDHAUSEN HAT
SICH VIEL SEINER
URSPRÜNGLICHKEIT
BEWAHRT

9 *Lilli & Karl*

Hübscher Laden mit wunderbarem Kleinod für Papier-Enthusiasten. Antje Lehner, der kreative Kopf hinter Lilli & Karl, adelt schlichte Papiere zu kleinen Meisterwerken: Sie bestickt und bedruckt Textilien und hält ironisch-sinnige Sprüche auf Grußkarten, Geschenkpapieren und auch auf Gutscheinen bereit. Die bedruckten Geschirrtücher, auch in Neonfarben, sind besonders toll. Hier findet sich DIY der Extraklasse!

Pariser Str. 17
www.lilliundkarl.de

10 Café ZimtZicke

Vorne helles Café, hinten gemütliches Wohnzimmer – hier treffen sich Leute aus dem Viertel zu hausgemachten Kuchen und wechselnden Mittagsgerichten. Am Wochenende kommen die Naschkatzen zum Waffel-Essen. Mein absoluter Liebling: die Waffel mit frischem Obst, Fruchtragout, Eierlikör oder Rum-Krokant-Sahne. Wer mittwochs vorbeikommt, muss unbedingt die leckeren Zimtschnecken probieren!

Elsässer Str. 25

www.cafe-zimtzicke.de

11 Hotel Stadt Rosenheim

Das günstige Boutique- und Designhotel mit bester Verkehrsanbindung am Ostbahnhof beeindruckt durch sein imposantes Treppenhaus. Die Tapete aus den 1960er Jahren wird, wenn nötig, von Tapetenmalern restauriert. In der kleinen Lobby geben Bauhaus-Möbel den Ton an. Gäste nächtigen in unterschiedlich gestalteten Zimmern, die mit Vitra-Klassikern und anderen Designmöbeln punkten.

Orleansplatz 6a
www.hotel-stadt-rosenheim.de

12 1260° Keramik

Im pastelligen Porzellan-Kosmos von Petra Fischer wird, ganz typisch für Haidhausen, hinten in der Werkstatt gefertigt, vorne im Verkaufsraum ausgestellt. Die mit Blüten und geometrischen Mustern durchzogenen Stücke, die durch aufgebrachte Spitzen bei 1260° Brenntemperatur entstehen, bezaubern jeden Besucher. Daneben gibt es Kerzen, Keramik, Servietten und viele einzigartige Kleinigkeiten zum Verschenken.

Sedanstr. 27

www.1260grad.de

13 Medical Art

Gleich neben 1260° wartet ein Kabinett der besonderen Art. Für Mediziner ein Muss, für alle anderen ein riesiger Spaß. Anatomische Modelle finden sich hier ebenso wie Ratzefummel in Gehirnform oder die Tapete mit Schädelaufdruck. Kostbare Briefbeschwerer von John Derian, ganz feines Porzellan mit Schädelverzierung oder Kerzenschädel aus Wachs – gewöhnlich ist hier jedenfalls nichts!

Sedanstr. 29
www.medicalartandmore.de

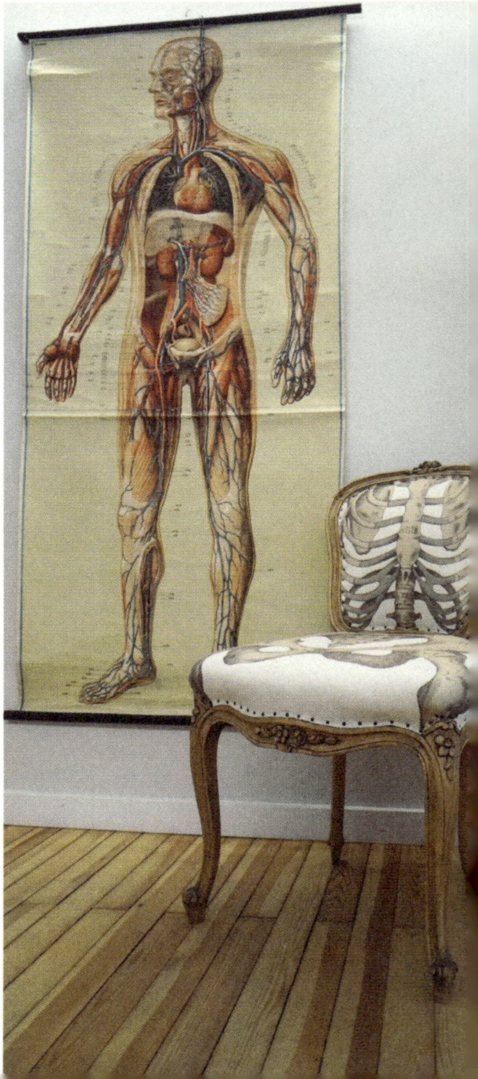

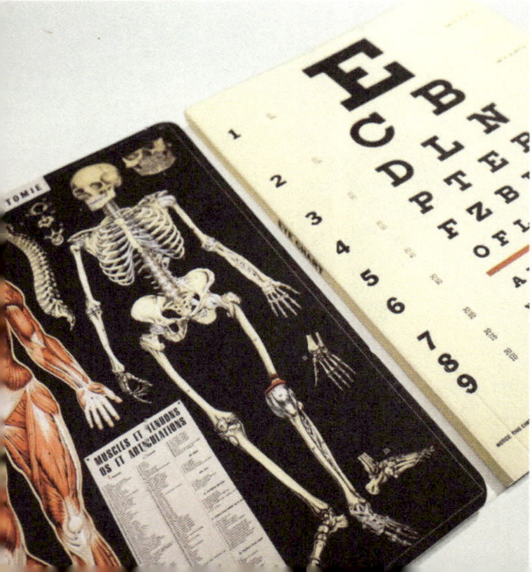

14 Anne von Wächter

Poetische, moderne Neuinterpretationen klassischen Schmucks sind das Markenzeichen der Schmuckgestalterin. Mitten in ihrer nostalgischen Ladenwerkstatt fertigt Anne von Wächter ihre eigensinnigen Stücke. Viele Sammelobjekte der Designerin wie Gemmen oder alte Fotos avancieren, humorvoll verpackt, zu auffallenden Preziosen, die es an Modernität locker mit hochwertigem Modeschmuck aufnehmen.

Sedanstr. 24

www.annevonwaechter.de

15 Strandgut

Rowac und andere authentische, salonfähig gemachte Industrie- und Werkstattmöbel trägt Set-Designer Karsten Lippstock in seinem Strandgut zusammen und mischt sie mit Industrieleuchten und Handmade-Labels. Haptische Gegenstücke sind handgefertigte Quilts aus Indien, Papiersäcke aus alten Filmplakaten, bunte Leuchten aus gewickelten Mullbinden sowie ausgesuchte Keramik und Schmuckstücke.

Sedanstr. 17
www.strandgut-strandgut.com

16 Hide M

New-York-Style goes Munich!
Das versteckt gelegene Highlight am Münchener Modehimmel legt den Fokus auf handgefertigte Schuhe aus kleinen italienischen Manufakturen wie Guidi, A1923 und M.A.+, die sich als außergewöhnliche Kontrapunkte zu kurzzeitiger Mode profilieren. Hier gibt es hochwertige Kleidung und Accessoires in oft limitierter Auflage für die kosmopolitischen Fashion-Hunter unter uns.

Steinstr. 68
www.hide-m.com

17 Anton Doll Holzmanufaktur

Spannende Bereicherung im kleinen Häuserensemble zwischen Müller-schem Volksbad und Deutschem Museum. Unter den Händen des Teams von Anton Doll verwandelt sich bayerische Tradition in moderne Möbel. Die Holz-Leidenschaft ist so beeindruckend, dass neben schönen Leuchten, Schneidebrettchen oder Porzellan vor allem der Besuch selbst in besonderer Erinnerung bleibt.

Lilienstr. 3–5
www.antondoll.de

Handwerkskunst
Zeitlos
Nach Maß

18 True & 12

Auf dem Weg von Haidhausen in die Innenstadt mache ich gerne einen Zwischenstopp bei True & 12. Während man nach seinem Eis leckt, lassen sich die Macher bei der Eisproduktion beobachten. Denn der Name des kleinen Eislabors ist Programm: Gefertigt werden jeweils zwölf Sorten, alle nur aus besten, natürlichen Zutaten in eine selbst gebackene Zimtwaffel gepackt – einfach göttlich!

Rosenheimer Str. 14
www.trueand12.com

19 Gunther Trost

Die Laden-Werkstatt von Gunther Trost in einem idyllischen Hinterhof am Auer Mühlbach ist ein lohnenswerter Abstecher abseits der großen Einkaufsstraßen. Die authentischen Industrial- und Werkstattmöbel aus vergangenen Zeiten werden von ihm handschmeichelnd vor Ort restauriert. Die vorhandene Patina ist ihm dabei heilig! Nachmittags ist er besser zu erreichen, rufen Sie am besten vorher an.

Lohstr. 11

www.gunther-trost.de

20 Conways

Vom Gärtnerplatz kommend gibt es einen charmanten Halt, bevor es hoch nach Giesing geht. In ihrer Ladenwerkstatt macht Elke Conway alte Möbel in Kreide- und Pastelltönen wieder stadtfein. Auf den alten Stücken arrangiert sie schöne Accessoires im Vintage-Stil, dazu verführt manchmal ausgesuchte Kleidung der Ibiza-Boheme. Bekannt ist der Laden für die große Auswahl an Türknäufen, die auch alten Türen stehen.

Humboldtstr. 27
www.recycle-art.de

21 Fiedler und Fuchs

Münchner Traditionsgaststätte ohne viel Chichi im ruhigen Wohnviertel. Den Betreibern ist der Spagat zwischen alpenländisch-urig und modern sowohl beim Interior als auch bei der Zusammenstellung der Karte wunderbar gelungen. Den klassisch-bayerischen Schweinsbraten mit krosser Kruste wie auch den legendären Brunch gibt es immer sonntags. Die große Außenterrasse ist ein Highlight im Sommer.

Voßstr. 15
www.fiedlerundfuchs.de

22 Rosengarten

Dieses kleine Juwel ist mein persönlicher Geheimtipp an der Isar. Als botanischer Schaugarten geplant, entwickelte er sich zu einer stillen Oase inmitten der Stadt. Auf dem Gelände verstreut stehen weiße Gartenstühle, die mit dem Sonnenstand wandern dürfen – kleine, verwunschene Buchten schützen vor ungewollten Blicken. Im Herbst verlockt das üppige Samenangebot so manchen zum skandalös-botanischen Mundraub …

Sachsengarten 2

23 Liebreich

Kleiner Stadtteil-Pionier und erster Concept-Store mit Tagescafé. Hinten im Grafikbüro von Susanne Liebreich wird nach wie vor gearbeitet, der Laden vorne war ursprünglich als interne Kantine des Teams gedacht. Jetzt wird hier nicht nur öffentlich gegessen, alles, vom Tisch mit Hairpinlegs bis zu den Schemeln, ist zu kaufen. Die Giesinger lieben den kleinen Kaffee-Store mit Papeterie, Schmuck, Gewürzen … – ich auch!

Edelweißstr. 13
www.liebreich.de

24 Siebenmachen

Gastronomen und Kreative erobern immer als Erste die kommenden In-Viertel. Ein gutes Beispiel dafür: Der Zusammenschluss sieben unterschiedlicher Gewerke in einem Laden. Von Olivenöl über Honig, Papeterie und Stempel, Porzellan, Kramtaschen, Kissen All handmade! Verkauft werden neben den Produkten des kreativen Kollektivs auch Stücke unterschiedlicher Künstler, Sortimentswandel wird garantiert.

St.-Bonifatius-Str. 20
www.siebenmachen.de

25 Attentat Griechischer Salat

Bekannt für das Zebra, ein entspanntes Publikum und die riesigen Salate, von denen auch echte Kerle satt werden. Fleischliebhaber greifen zu den butterweichen Spareribs oder Pasta-Gerichten. Reservierungen sind nicht möglich, aber irgendwas geht immer und an der Bar lässt es sich mit erstklassigen Cocktails entspannt warten. Im Sommer gibt es eine große schöne Außenfläche.

Zugspitzstr. 10

www.attentatgriechischersalat.com

26 Kaffee Sonnenschein

Kleines, charmantes Café im hübschen Vintage-Style, das erste seiner Zeit hier im Viertel. Die Tageskarte bietet wechselnde, superleckere Schmankerl, alles wird bodenständig zubereitet und schmeckt ganz wie zu Hause. Naschkatzen entzücken besonders die selbstgebackenen Kuchen. Donnerstagabends kocht das Team die persönlichen Lieblingsspeisen. Der Milchkaffee im hohen Schnörkelglas besitzt Kultstatus!

Gietlstr. 17
www.kaffee-sonnenschein.de

27 *Upper Eat Side*

Eine kulinarische Perle für alle, die in Ruhe genießen und schlemmen möchten. Die unprätentiöse Einrichtung überzeugt wie die Küche mit feinsten Zutaten. Matt schimmernde Eiche und Leder, an den Wänden hängen Fotografien mit München- und Giesing-Motiven. Absolut hochklassige Küche mit Regionalbezug, dazu eine ausgesuchte Weinkarte. Bitte rechtzeitig reservieren, gerade am Wochenende.

Werinherstr. 15

www.uppereatside.de

Oliver Holy

MÖBEL FÜR MORGEN

EIN GEKONNT MINIMALISTISCHER BETONWÜRFEL als Firmensitz, Lager und Showroom von ClassiCon, dem Hochkaräter unter Münchens Designfirmen mit Möbeln von Eileen Gray, Konstantin Grcic, Stefan Diez und Sebastian Herkner. Überraschender Gesprächsbeginn ist die Einweisung in die perfekte Sitzposition auf Konstantin Grcics Sitzmöbel »Chaos«, einem Lieblingsmöbel von Inhaber Oliver Holy.

ClassiCon, Sigmund-Riefler-Bogen 3, www.classicon.com

Was macht München für Sie so besonders und liebenswert?
München ist eine Großstadt, aber doch familiär, ein funktionierender Mikrokosmos. Den Schwerpunkt lege ich gerne auf die liebenswerten Gesichtspunkte: das authentische Lebensgefühl, die Biergärten, die Nähe zu den Bergen und Seen, insbesondere zum Tegernsee, meiner Heimatregion. Aber auch die Qualität der vielfältig ausgerichteten Museen und Kunstsammlungen.

Ihr liebster Stadtteil und warum?
Ganz eindeutig Schwabing! »Mein Schwabing« ist der Bereich um die Münchner Freiheit, das alte Schwabing. Wegen seiner Lebendigkeit und dem Mix der Bewohner. Dick und dünn, reich und arm, gepflegte Alkoholiker neben Business-Menschen – das macht den Stadtteil so spannend für mich.

> »WO SICH ZUKUNFT UND VERGANGENHEIT TREFFEN, UM SICH ÜBER DIE GEGENWART ZU VERSTÄNDIGEN.«

Wo frühstücken Sie in München am liebsten?
Ich lege großen Wert auf ein gutes Frühstück und habe deshalb gleich mehrere Adressen zur Auswahl. Im Zentrum wäre es die *Bar Centrale* mit italienischem Frühstück und leckerem Kaffee. In Schwabing das *Occam Deli* wegen des guten Frühstücks und seiner großen Fenster – ich liebe es, Menschen zu beobachten! Außerdem das *La Stanza* im Lehel, nicht unbedingt wegen der Güte des Frühstücks, aber weil ich den St.-Anna-Platz so gerne mag und die Location an sich.

Welches Restaurant empfehlen Sie für ein schönes Abendessen?
Wenn ich Lust auf bayerische Küche habe, gehe ich in das *Bratwurst Glöckl* am Dom. Hier schmeckt es fantastisch und ich schätze die urbayerischen Bedienungen, die es manchmal in sich haben können, sehr. Mit Geschäftskunden gehe ich auf ein Wiener Schnitzel ins *Spatenhaus*, im Winter in das von Axel Vervoordt eingerichtete *Garden Restaurant* im Bayerischen Hof – das macht bei schlechtem Wetter einfach gute Laune. Gut auch die Klassiker *Brenner, Rossini, Kleinschmecker* und *Blauer Bock* am Sebastiansplatz. Für perfektes Sushi gehe ich gerne ins *Tokami*, dort ist es schön ruhig.

Der beste Ort für einen Drink?
Das wären *Schumann's Bar, Kismet Bar* (S. 20), *Hearthouse Member Club*, das *Tabacco* und im Sommer die Terrasse der *Goldenen Bar* - das ist großes Kino.

Verraten Sie uns Ihre Shopping-Geheimtipps?
Für Kleidung: *Stefan Gross, Ralf's Fine Garments* (S. 77), *Statement, Schwittenberg* (S. 28) und *Windsor*. Für Bücher die Buchhandlung *Werner* in der Türkenstraße. Bei Pralinen muss es *Stancics* sein.
Gute Freunde besuchen Sie – was dürfen sie auf keinen Fall verpassen?
Das *Museum Brandhorst, Lenbachhaus* (S. 97), die *Nymphenburger Porzellan Manufaktur* im Winter in Verbindung mit einem Spaziergang am vereisten Nymphenburger Kanal und das *Cuvilliés-Theater*. Im Sommer ein Eis in der *Manufaktur Bartu, Hofgarten* und die *Waldwirtschaft*.
Wie verbringen Sie einen freien Tag in der Stadt?
Frühstücken im eigenen Garten, Zeitschriften lesen, ein Besuch bei *Bachmann & Scher*, da ich Vintage-Uhren liebe! Küchenaccessoires shoppen bei *Manufactum* und ein Abstecher zu *Fisch Witte* auf den Viktualienmarkt. Abends Grillen oder ins *Schumann's*.
Wenn es mal nicht mehr München sein sollte, welche Stadt dann?
Zürich könnte mich reizen wegen der Berge, dem See, dem guten Essen und der internationalen Anbindung des Flughafens.

ClassiCon

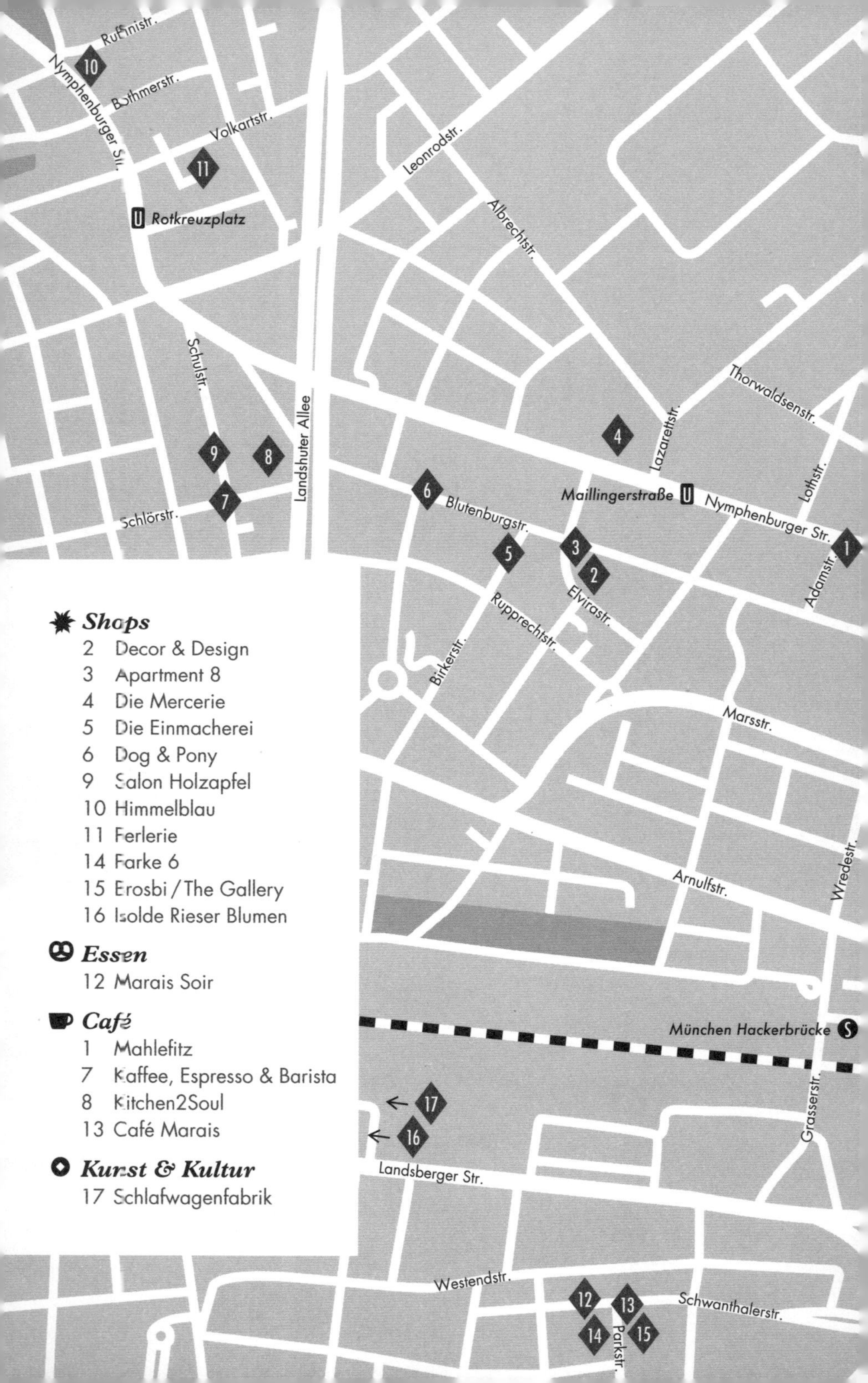

Shops
2 Decor & Design
3 Apartment 8
4 Die Mercerie
5 Die Einmacherei
6 Dog & Pony
9 Salon Holzapfel
10 Himmelblau
11 Ferlerie
14 Farke 6
15 Erosbi / The Gallery
16 Isolde Rieser Blumen

Essen
12 Marais Soir

Café
1 Mahlefitz
7 Kaffee, Espresso & Barista
8 Kitchen2Soul
13 Café Marais

Kunst & Kultur
17 Schlafwagenfabrik

Neuhausen, Westend, Laim, Pasing

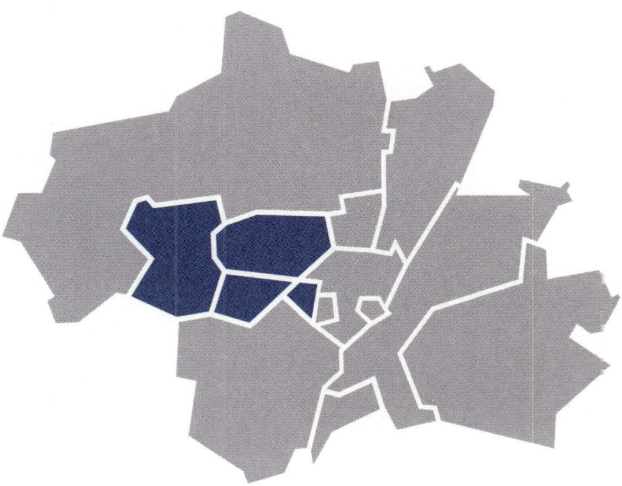

Die Nymphenburger Straße, die einst Schloss und Residenz verband, führt nach Neuhausen, das mit entzückend kreativen Läden und Innenhofflair besticht. Mainstream muss hier draußen bleiben. Auch das Westend hat den prophezeiten Sprung zum In-Viertel bisher sehr charmant lösen können. Alle genannten Westend-Tipps finden sich zentral in Nähe der Bavaria. Antik-Fans kommen an dem neuen Antikhallen-Areal etwas weiter draußen in Pasing nicht vorbei.

1 *Mahlefitz*

Hier wird Kaffeekultur vom Feinsten nach italienischer Art serviert. Der Münchner Präzisionskaffee aus eigener Rösterei wird in schönen Glasgefäßen gebrüht und hat einen »Nachgeschmack von Lavendel« oder »Blaubeeraroma« – das muss man probiert haben! Weiße Pompons an der Decke besänftigen die eher maskuline Einrichtung, locker gruppierte Sitzmöbel im Außenbereich schenken viel Freiraum.

Nymphenburger Str. 51
www.mahlefitz.de

Mahlefitz
29-97-06

2 Decor & Design

Must see für Kosmopoliten mit Faible für internationale Interieurs. Josefine Dresscher ist Meisterin der textilen Einrichtung. International geprägte Einrichtungskonzepte durch Stoff miteinander zu verbinden – diese Kunst beherrscht kaum einer so gut wie die gebürtige Holländerin. Ihr Stil: inspirierendes Modern Country mit eleganten Einschlägen und vielen Wohnaccessoires. Die Inhaberin plant auch fürs europäische Ausland.

Elvirastr. 14
www.decordesign.de

3 Apartment 8

Ganz nah dran an der Entstehung guten Designs. Designerin Carolin Sangha hat Planungsbüro und Shop direkt nebeneinander. Die elegante Melange aus eigenen, innovativen Kreationen und gesammelten Objekten ihrer zahlreichen Reisen eröffnet einen außergewöhnlichen Einblick in den Style von heute. Absolut klar, doch unglaublich charmant und immer von ausgesuchter Qualität. Very modern – I love it!

Elvirastr. 10
www.casa57.de

4 Die Mercerie

Mein absoluter Geheimtipp für Nähbegeisterte und Münchens beste Adresse für Wolle. Die Beratung ist fantastisch und Fragen werden gerne im kleinen Café bei Kaffee und Kuchen geklärt. Der Shop im Vintage-Style beherbergt außerdem tolle Oldschool-Schneideraccessoires wie Stecknadeln, Schneiderkreide und lederne Nadeletuis von Merchants & Mills und noch vieles mehr, alles wundervoll verpackt!

Nymphenburger Str. 96
www.diemercerie.com

Holst Garn

5 Die Einmacherei

Ein bisschen »Einmacherei« habe ich immer im Haus. Foodstylistin, Buchautorin und Köchin Monika Schuster sowie Wild- und Saucenspezialistin Anka Köhler kredenzen in einer alten Metzgerei Leckereien für Eilige und Kochmuffel – eingemachte Köstlichkeiten aus besten, vorwiegend regionalen Zutaten. Tolles Geschenk, weit entfernt vom üblichen Vorgekochten! Geöffnet nur Freitag und Samstag, mit Versandservice.

Birkenstr. 7
www.die-einmacherei.de

6 Dog & Pony

Papierkunst, Illustration und persönliche Wunderkammer von Alexandra Lukaschewitz und Mario Klingemann. Die Flora und Fauna aus dem edlen Werkstoff ist ein Muss für alle Papermaniacs. Mottoausstellungen, oft mit Gastkünstlern, bieten Gelegenheit, auch kleinere Originale zu ergattern. Lukaschewitz Objekte finden sich z.B. in den Schaufenstern des Ruby Saloons (S. 59) oder auf der Treppe der Amber Lounge (S. 114).

Blutenburgstr. 51
www.dog-pony.com

7 *Kaffee, Espresso & Barista*

Das gut besuchte Café im Stil der 1950er Jahre ist nicht nur Genusstempel in Sachen Espresso inklusive Maschinen und Workshops, sondern auch charmantes Museum rund um dieses Thema. Espressomaschinen aller Epochen lassen sich hier bei Kaffee und kleinen Snacks bestaunen. Der Lieblingsespresso kann auch vor Ort gekauft oder später im Webshop nach Hause bestellt werden.

Schlörstr. 11

www.kaffee-espresso-barista.com

8 Kitchen2Soul

Ihr ganz persönliches Kleinod haben sich die Gründerinnen Katrin Große und Tatjana Reichart mit diesem kleinen Café geschaffen. Die Freundinnen, beide leidenschaftliche Gastgeberinnen, verbinden Kulinarisches mit Veranstaltungen und schönen Dingen in einem Raum. Der Laden im Contemporary Shabby Look beherbergt Bücher, hübsches Kinderspielzeug, Schokolade und jede Menge kleiner Geschenke.

Schlörstr. 4

www.kitchen2soul.com

9 Salon Holzapfel

Wenn nach einen anstrengenden Münchentag die Füße schmerzen, kann man sich in diesem Salon verwöhnen lassen und dazu noch richtig gutes Design bestaunen. Es muss ja nicht gleich ein neuer Haarschnitt sein, Spitzen schneiden würde auch reichen, um dieses Gesamtkunstwerk zu bestaunen, das Kreativität im Umgang mit Materialien geradezu zelebriert. So frech wie hier habe ich Holz selten gesehen ...

Schulstr. 15
www.antjeholzapfel.de

10 Himmelblau

Himmelblau ist nicht die einzige Farbe in diesem Mekka für Liebhaber von Küchen- und Wohnaccessoires. Die fröhlich gestreifte Markise weist schon von Weitem auf die opulente Farbenpracht hin, die sich im Inneren eröffnet. Vom Geschirr über Geschenkpapier und Papier-Pompons bis hin zu Einkaufstaschen – alles leuchtend und kunterbunt. Unmöglich, hier nicht irgendein Mitbringsel für die Daheimgebliebenen zu finden.

Nymphenburger Str. 194

◆ *11 Perlerie*

Es glitzert, blinkt und schimmert und lässt die Herzen von DIY-Fans und Prinzessinnen höher schlagen. Münchens charmantester Perlenladen glänzt nicht nur mit einer schier unendlichen Auswahl an Perlen und Zubehör, sondern auch mit der nettesten Beratung! Ganz wichtig für Reisende: Geholfen wird schnell vor Ort, so kann die Kette gleich gefertigt werden. Wer lieber daheim fädelt, der nimmt sich die Perlen mit.

Volkartstr. 17
www.perlerie.net

IMMER AM KANAL ENTLANG VON NEUHAUSEN BIS ZUM NYMPHENBURGER SCHLOSS

12 Marais Soir

Gleich gegenüber dem Café Marais, Anlaufstelle für Kaffeesüchtige, liegt sein nächtlicher Kumpan, das Marais Soir. Das Café veranstaltete monatlich Soireen, die sich, dank der exzellenten Kochkünste Riccardo Astis, schnell großer Beliebtheit erfreuten. Schöner Zufall, dass gegenüber ein Lokal frei wurde. So genießen die Gäste nun unter silbernem Mond vor dunklen Wänden mediterrane Mehrgängemenüs.

Schwanthalerstr. 133
www.marais-soir.de

13 Café Marais

Mein Lieblingscafé im Viertel, denn auf den begehrten Fensterplätzen kann man wunderbar die Flaneure des Viertels beobachten. Das ehemalige Bekleidungsgeschäft Hans Mier ist heute ein szeniger Laden mit historischer Einrichtung. Tische, Stühle und Co. von 1900 –1960 können auch gekauft werden. Wer es kleiner mag, packt Kosmetik, Cashmere, Schmuck, Spielzeug und andere Mitbringsel in den Einkaufskorb.

Parkstr. 2

www.cafe-marais.de

14 Parke 6

Stefan Daubenschütz liebt kleine Labels und inszeniert sie in einzigartiger Kulisse vor charmant abblätternden Wänden. Mit Labels wie By the way, Hope oder Samuji kleidet er Frauen, die lässige Mode lieben, mit einem Hauch maskulinem Purismus. Die Beratung ist super und kann bis zum Stylecheck gehen. Und: Ich bin immer ganz scharf auf die selbst gestalteten Papiertüten, die er aus Modekatalogen selbst fertigt!

Parkstr. 6

www.parke6.de

15 Brosbi / The Gallery

Ausgesuchtes aus eigener Fertigung für trendbewusste Gentlemen zeigen die Brüder Denis und Yves Oliver Wilke im ehemaligen Bäckerladen – die Brezn an der Tür weist immer noch den Weg. Das Lifestyle Laboratory wurde in ein Ladengeschäft verwandelt und beherbergt neben Männermode mit humorvollen Details auch Accessoires und Liquids sowie ausgesprochen schöne Kalender und Notizbücher.

Parkstr. 1
www.brosbi.com

16 Isolde Rieser Blumen

Eine bezaubernd verwunschene Gartenvilla, die sich unerwartet mitten in einem Wohngebiet verbirgt. Ich liebe den natürlich-wilden Umgang Isolde Riesers mit Blumen und die Vielfalt an ausgesuchten Gartenaccessoires wie antiken Amphoren, Metallobjekten oder Vogelkäfigen. Dafür ist kein Weg zu weit. Für Antikfans lässt sich der Besuch mit dem der Schlafwagenfabrik (S. 202) verbinden.

Villacher Str. 2
www.isolde-rieser.de

17 Schlafwagenfabrik

Mein Liebling in Sachen Antiquitäten. Das über 100 Jahre alte, wunderschöne Fabrikgelände, in dem einst die Schlaf- und Speisewagen der Bahn repariert wurden, beherbergt heute ein abwechslungsreiches Sortiment an Industrial-Vintage-Objekten, wertigen Antiquitäten, Trödel, Gartenmöbeln und Accessoires. Die Nachbildung eines antiken Kolonialwarenladens in einem der Räume darf man auf keinen Fall verpassen!

Brunhamstr. 7
www.schlafwagenfabrik.de

Gerdi Tiroch

DIE VINTAGE-SPEZIALISTIN

MIT DER DEKORATION FÜR IMMER VERBANDELT. Was mit einer Lehre für Schaufensterdekoration begann, wurde zur Leidenschaft – Gerdi Tirochs Gefühl für Herrenmode und dramatische Szenerien gipfelte in »Gerdismann«, einem der ersten Secondhand-Shops für Männermode. Vintage war dort auch Einrichtungskonzept. Mit »Gerdismänner« zeigt sie antike Einrichtungen und Wohnaccessoires mit Sinn für modernen Kontext. *Bei Redaktionsschluss auf Ladensuche, www.gerdismaenner.de*

Was macht München für dich so besonders und liebenswert?
Das Überschaubare, fast schon Dörfliche und dass alles zu Fuß oder mit dem Fahrrad erreichbar ist. Aber auch die Verschiedenheit der einzelnen Stadtteile mit ihren typischen Bewohnern.

Dein liebster Stadtteil und warum?
Schwabing, weil entweder hier oder in Neuhausen mein neuer Laden sein wird, aber auch Haidhausen wegen seiner schönen kleinen Läden – es ist gemütlich und noch relativ ursprünglich. Ich schaue dort gerne bei *Gabriele Wenzel* (S. 145) am Wiener Platz vorbei oder bei *Kochgut*, wenn ich schöne Küchenutensilien suche.

Wo frühstückst du am liebsten?
Im *Tabula Rasa* am Holzplatz wegen der guten Qualität und der Avocado im Rührei. Auf zwei Eier im Glas gehe ich ins *Café Pini*.

Welches Restaurant empfiehlst du für ein schönes Abendessen?
Das *Nam Giao* wegen seiner familiären Atmosphäre und des himmlischen Kaiserinnengerichts und das *Grano* gleich um die Ecke des Jüdischen Museums. Eine wunderbar authentische, unverfälschte, einfache Trattoria mit leckerer Pizza. Gute Schnitzel gibt es im *Harlachinger Jagdschlössl*.

> »
> DEN ENGLISCHEN GARTEN MIT DEM FAHRRAD ERKUNDEN, DAS IST EINFACH EIN MUSS!
> «

Der beste Ort für einen Drink?
Ich mag die *Bar Gabanyi* bei mir um die Ecke und die *Goldene Bar* – sonntags bei schönem Wetter, wenn DJs dort für chilligen Sound sorgen – für einen Sundowner auf der zur Bar gehörenden Terrasse des Hauses der Kunst.

Verrätst du uns deine Shopping-Geheimtipps?
Ich liebe Shoppen im Urlaub und wenn ich auf Einkaufstour für meinen Laden in Frankreich oder Belgien bin. In München mag ich das *Daniels*, *Stierblut* oder *Venus* in Haidhausen – das sind inhabergeführte Läden, die ich gerne aufsuche. Wenn es um Wolle geht, gibt es für mich nur die *Mercerie* (S. 186) in Neuhausen – ein Highlight für Handarbeits-Liebhaber. Viele der Vintage-Objekte, in denen die Wolle liegt, stammen übrigens von »Gerdismänner«.

Gute Freunde besuchen dich – was dürfen sie auf keinen Fall verpassen?
Den Englischer Garten mit dem Fahrrad erkunden, das ist einfach

ein Muss! Die Touristenziele wie das *Kleine Seehaus* oder auch den *Aumeister* lassen wir dann eher links liegen, Pausen gibt es im *Kleinen Hofbräuhaus* am Ende der Gyßlingstraße im nördlichen Teil des Englischen Gartens. Das ist etwas speziell, weil dort fast nur Hundebesitzer verkehren und es durchaus passieren kann, dass sich ein Vierbeiner ein Schnitzel vom Teller schnappt – das sind dann Highlights für die anderen Besucher. Das Essen dort ist sehr einfach, aber gut, und das Preis-Leistungs-Verhältnis stimmt. Auch schön ist es im *Tivoli*, gleich neben dem großen *Biergarten Hirschau*. Ich suche im Englischen Garten eher die ruhigen Momente und möchte das auch meinen Besuchern vermitteln, die dann von so viel Natur mitten in der Großstadt total geflasht sind.

Wie verbringst du einen freien Tag in der Stadt?

Mit einem grandiosen Kuchen auf der Dachterrasse vom *Ruffini* oder am Chiemsee auf der Fraueninsel.

Wenn du ganz überraschend eine Stunde frei hast?

Dann geht es auf einen Mohnkuchen in die *Glyptothek* *(S. 98)*.

Wenn es mal nicht mehr München sein sollte, welche Stadt dann?

Amsterdam.

Shops
1 Almliebe
2 Meindl Authentic Luxury
3 Les Tissus Colbert
4 Dirndl maßgeschneidert
5 Clarissa Held
6 Kasu
Kultur
7 Einzug der Wiesnwirte
8 Trachtenumzug
9 Oide Wiesn
Nachtleben
10 After Wiesn
Hohenzollernstr.
Elisabethstr.
Schleißheimer Str.
Tengstr.
Nordenstr.
Josephsplatz
Barer Str.
Theresienstraße
Universität
Luisenstr.
Gabelsbergerstr.
Theresienstr.
Amalienstr.
Ludwigstr.
Königsplatz
Brienner Str.
Odeonsplatz
München Hackerbrücke
Maximilianspl.
München Hbf.
München Karlsplatz
Bayerstr.
Hauptbahnhof
Karlsplatz (Stachus)
Paul-Heyse-Str.
Marienplatz
Am Kosttor
Theresienwiese
Sonnenstr.
Frauenstr.
Sendlinger Tor
Blumenstr.
Theresienhöhe
Lindwurmstr.
Goetheplatz
Fraunhoferstraße
Ickstattstr.
Bavariaring
Isar
Poccistraße
Kapuzinerstr.

Wiesn

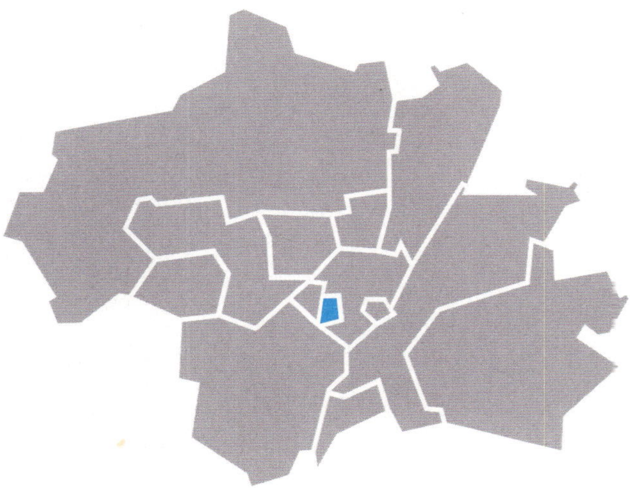

Als »Fünfte Jahreszeit« wird die Wiesn liebevoll bezeichnet und ist weitaus mehr als nur ein riesiger Jahrmarkt. Zu keiner anderen Zeit ist München so international und großstädtisch, Geschäftsbeziehungen werden gefestigt und aus mancher Liebelei wird die eine, große Liebe. Im Oktober 1810 als Fest für das Volk im Rahmen der Hochzeit von König Ludwig I. mit Gattin Therese gefeiert, wurde diese Idee auch in den nachfolgenden Jahren aufgegriffen und die »Wiese« der Braut zu Ehren in Theresienwiese umbenannt.

1 Almliebe

Einer der schönsten Trachtenshops Münchens, der die richtige Mischung aus Tradition und Moderne auf den Punkt genau trifft. Kein modisches Chichi, dafür frische Details – Tracht wird hier modern interpretiert. Hier finden sich die schönsten Postkarten rund um Maibaum und andere bajuwarische Motive, kitschfrei und ganz eigen. Außerdem viel Zubehör, vom Kräuterschnaps über Kirschkernkissen bis hin zur Geldbörse.

Ickstattstr. 22
www.almliebe.com

2 Meindl Authentic Luxury

Die perfekte Mischung aus Tradition und Moderne: Tom Dixons stylishe Leuchten, ein illuminiertes Spruchband auf dem Boden und deftiges Holz. Nicht billig, aber ein echter Bayer kauft sich nur einmal im Leben eine Lederhosn. Coole Beratung – hier sind Auswärtige garantiert in besten Händen. Als Meindl-Bergschuh-Fan ist das mein ultimativer Tipp in Sachen Tracht für Männer.

Am Kosttor 1

www.meindl-munich.com

3 Les Tissus Colbert

Stofftempel für ausgefallene und ganz besondere Stoffe von der Rolle und in Überbreiten. Der Stil der Inhaberin Fanny Strathmann bewegt sich zwischen mediterran und skandinavisch: vom gestreiften Matratzendrell und gewebten Jacquardstoffen über Paisley und Toile-de-Jouy bis zu hochwertigen Taft- und Ikatstoffen. Mein ganz persönlicher Tipp, wenn es um selbst genähte, nicht ganz klassische Dirndl geht.

Blumenstr. 21
www.lestissuscolbert.de

4 Dirndl maßgeschneidert

Kaufen kann jeder – die schönsten Dirndl sind selbst genäht oder nach Maß geschneidert. Unter fachlicher Anleitung von Judith Willsau entstehen in ihrem Nähatelier individuell gestaltete Festtagsgewänder, einfache Wasch-Dirndl oder auch nur eine Seidenschürze in der lang gesuchten Farbe. Wer sich nicht selbst an die Maschine traut, ist bei Froschgoscherl bestens beraten.

www.naehkurs-muenchen.de
www.froschgoscherl.de

5 Clarissa Held
6 Kasu

Zu einem stimmigen Wiesn-Outfit gehört das perfekte Styling. Clarissa Held, absolute Spezialistin für Schnitt und Coloration, zaubert tolle Flecht- und Hochsteckfrisuren. Das Team von Kasu liefert das passende Make-up – wer möchte, ordert hier gleich Fotos als Andenken dazu.

Clarissa Held, Elisabethstr. 21
www.clarissaheld.de
Kasu - Beauty Lifestyle Gallery
Theresienstr. 19 / Eing. Fürstenstr.
www.ka-su.de

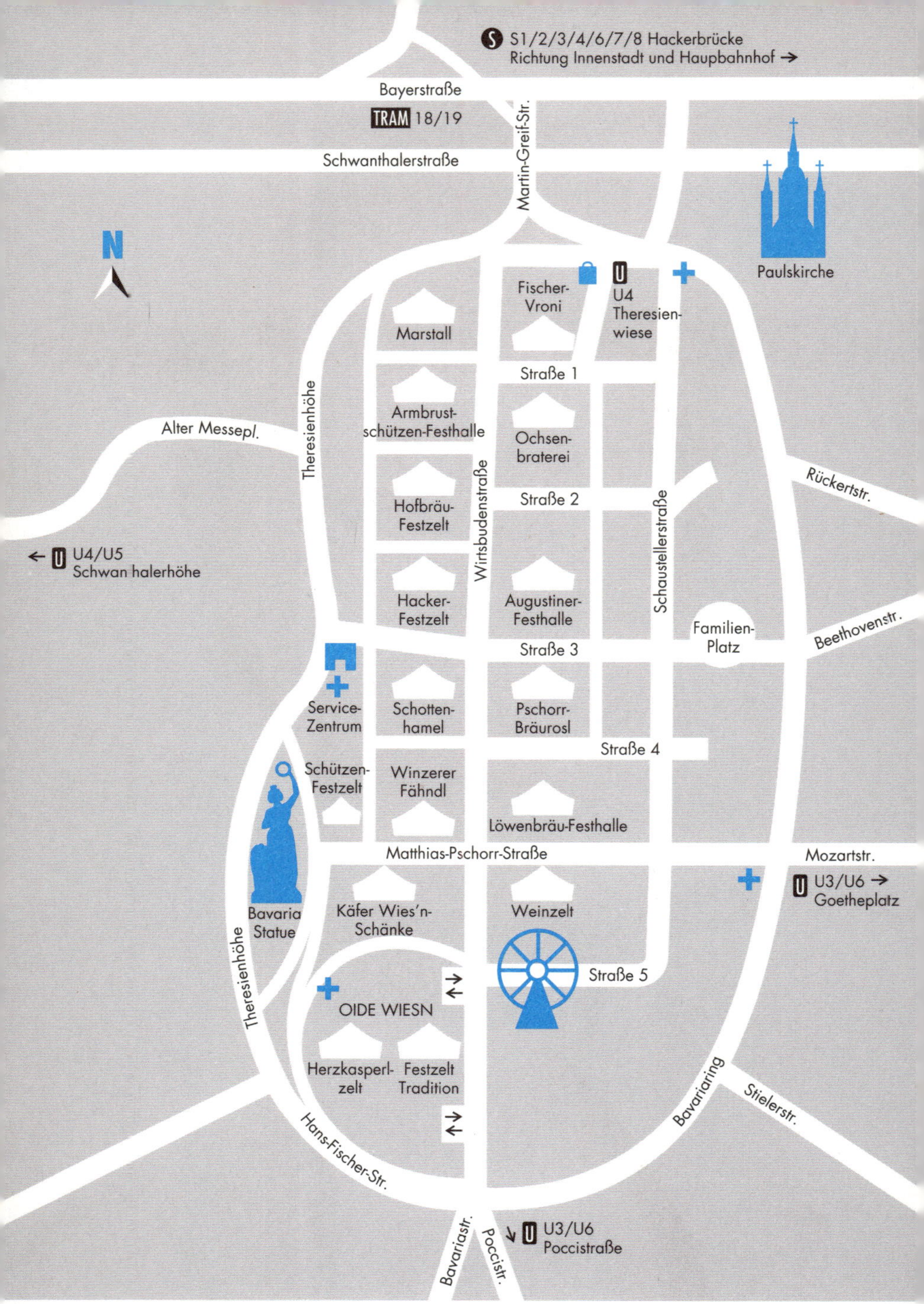

Sanitätsstation

Gepäckaufbewahrung

Servicezentrum Theresienwiese: Festleitung, Polizei, BRK, Fundbüro, Kreisverwaltungsreferat, Station für verlorene Kinder, Security Point

Oktoberfest

Wiesn-Burger
Schnitzels
Coca-Cola, Apfelschorle, Wasser
Coca-Cola, Apfelschorle, Wasser

PAULANER MÜNCHEN
PAULANER MÜNCHEN

Block
C B A
HB

7 *Einzug der Wiesnwirte*

Lebendige Tradition, Auftakt und ein Highlight der Wiesn ist der Einzug der Wirte. Frühmorgens erklingt das Bimmeln der Glocken, wenn die Wirte mit ihren Kaltblütern von den Brauereistandorten zum Treffpunkt fahren. Mein Tipp: Abseits der Hauptroute stellen! Am kleinen Park hinter der Sonnenstraße treffen sich die Wagen und warten auf den offiziellen Start. Dort lassen sich Pferde mit Wagen von Nahem bewundern.

Ecke Josephspitalstr. und Herzog-Wilhelm-Str.

8 Trachtenumzug

Der Einzug der Trachtenvereine und Musikgruppen am 1. Wiesn-Sonntag bietet Gelegenheit, Spielmannszüge, festlich gekleidete Trachtler und Honoratioren, prächtige Pferdegespanne und geschmückte Kutschen der Brauereien zu bestaunen. Vom Max-II-Monument über den geräumigen Odeonsplatz bis zur Oktoberfestwiese säumen Schaulustige den Weg – ein herrliches Spektakel.

Max-II-Denkmal / Maximilianstr.
www.festring.de/trachten-und-schuetzenzug/allgemein/

Digital Farbfoto Schiessen
Digital Farbfoto Schiessen

9 Oide Wiesn

Ursprünglich war sie nur als Jubiläums-Event geplant – die »Oide«. Nostalgische Fahrgeschäfte wie das Velodrom, das Museumszelt und die Abwesenheit diverser Wiesn-Auswüchse machten sie so beliebt, dass sie einfach blieb. Die liebevoll gestalteten Wiesn-Herzen und Postkarten von »Striezi« geben sich auch individueller als in anderen Zelten. Alles etwas anders, ruhiger und viel günstiger, aber mit kleinem Eintritt.

www.striezi.com

www.muenchen.de/oktoberfest

Hermann Kretzschmar München.
Humoristisches Velodrom.

10 After Wiesn

Für alle, die nicht genug bekommen können vom bayerischen Festgefühl, wenn um halb elf die großen Zelte schließen. Im Käfer- und Weinzelt geht es noch bis eins, danach bleiben die After-Wiesn-Partys in der Kongresshalle, im Independent-Club Substanz oder im »Wiesnzelt« im Löwenbräu am Stiglmaierplatz, der wohl größten After-Wiesn-Location, aus der auch die Fotos stammen. Zur Wiesnzeit geht Tracht übrigens auch nachts so gut wie überall.

www.daswiesnzelt.de

SONOR

Babette Mack

SOUVENIRS AUF DEM MARKT

MADE IN HEIMAT – ein echtes Lebensgefühl in Babette Macks Marktstandl. Münchens schönster Mitbringsel-Laden führt hausgemachtes Design aus hochwertigen Materialien und traditionelle Ware regionaler Herkunft. Die gelernte Modedesignerin lässt Brotzeit-Brettl gestalten und Textilien und Glupperl mit bayerischen Sprüchen bedrucken.

Mitbringsel vom Markt Viktualienmarkt Abt. 1 / Stand 33

www.mitbringsel-vom-markt.de

Was macht München für dich so besonders und liebenswert?
Zum einen die perfekte Größe – eigentlich ist München ja eine kleine Stadt, hat aber doch Großstadtflair. Und dann natürlich die Architektur und die Isar. Einzigartig! In welcher anderen Stadt bin ich in fünf Minuten an meinem eigenen Strand. Außerdem die Nähe zu den Bergen und das Licht, gerade bei Föhn – der bayerische Himmel ist doch etwas ganz Besonderes und vor allem: als gebürtige Regensburgerin ist München jetzt einfach meine Heimat.

Dein liebster Stadtteil und warum?
Das ist ganz eindeutig das Lehel mit seiner zentralen, aber ruhigen Lage und der Nähe zum Viktualienmarkt. Das Westend mag ich wegen seines kreativen Flairs und weil es so gar nicht Schickimicki ist.

> » RAUF AUFS RADL UND DURCH DIE UNTERSCHIEDLICHEN STADTTEILE TREIBEN LASSEN. «

Wo frühstückst du am liebsten?
In der *Aroma-Kaffeebar*, dem *Dukatz* und am *Fräulein Grüneis-Kiosk* gleich neben dem Surf-Spot im Englischen Garten.

Welches Restaurant empfiehlst du für ein schönes Abendessen?
Da ich selbst so gut koche, kommt nur das *Beccofino* infrage. Die Kalbsleber mit frischen Feigen und Steinpilzen ist einfach sagenhaft! Im Umland würde es der *Fischmeister* (S. 241) in Ambach sein.

Der beste Ort für einen Drink?
Eindeutig die Dachterrasse des *Bayerischen Hofs* auf einen Cocktail wie den Munich Mule mit einer der neuen Münchner Ginsorten. Die sind ja gerade schwer angesagt. Aber auch die Terrasse der *Goldenen Bar* ist sehr zu empfehlen.

Verrätst du uns deine Shopping-Geheimtipps?
Gleich vorab: Ich bin nicht wirklich eine Shopping-Queen. Deshalb shoppe ich oft bei den ganz untypischen Special Sales von *Clemens & August*. Geschenke kaufe ich bei *Manufactum* und Schmuck bei *Gerhard Weickmann*, mit dem ich auch eine Oabandl-Kollektion, kleine Freundschaftsbändchen mit bayrischen Dekoren und Schließen vom Goldschmied, entwickelt habe.

Gute Freunde besuchen dich – was dürfen sie auf keinen Fall verpassen?
Bei gutem Wetter geht es rauf aufs Besucher-Radl und wir lassen uns durch die unterschiedlichen Stadtteile treiben. Oder wir schlemmen uns über den Viktualienmarkt und

nehmen später noch ein Bad in der Isar. Bei schlechtem Wetter kaufen wir erst gemütlich auf dem Viktualienmarkt ein und dann heißt es für meinen Besuch: zurücklehnen und sich von mir bekochen lassen.

Wie verbringst du einen freien Tag in der Stadt?

Ich fahre raus aus der Stadt. An einen der vielen Seen im Münchner Umland, genieße eine Saibling-Fischsemmel im Matjes-Style beim *Fischer Lex* am Chiemsee, der diese nordische Fischsemmel-Variante als Erster auf die heimischen Fische übertragen hat. An den Seen miete ich auch gern mal ein Elektro-Boot (S. 237).

Wenn du ganz überraschend eine Stunde frei hast?

Sobald das Wetter gut ist – egal ob kalt oder warm –, die Sonne scheint, geht es mit der Süddeutschen Zeitung auf eine Bank in die Sonne, gerne in den Hofgarten. Bei schlechtem Wetter zu *Ludwig Beck* in die CD-Abteilung. Allerdings wird dann aus der einen Stunde gerne viel mehr.

Wenn es mal nicht mehr München sein sollte, welche Stadt dann?

Wien – die Stadt entspricht einfach genau meinem Lebensgefühl und dort sehe ich den stärksten Heimatbezug.

BIER
Mein erstes Bayernbuch
e Tapas
Bullon
klein: 4,90
groß: 3,90
€ 9.90
DIE bayerische KÜCHE
Aufbrezlt
VIKTUALIENMARKT MÜNCHEN
VIKTUALIENMARKT MÜNCHEN
VIKTUALIENMARKT MÜNCHEN
Spatzl
Spatzl

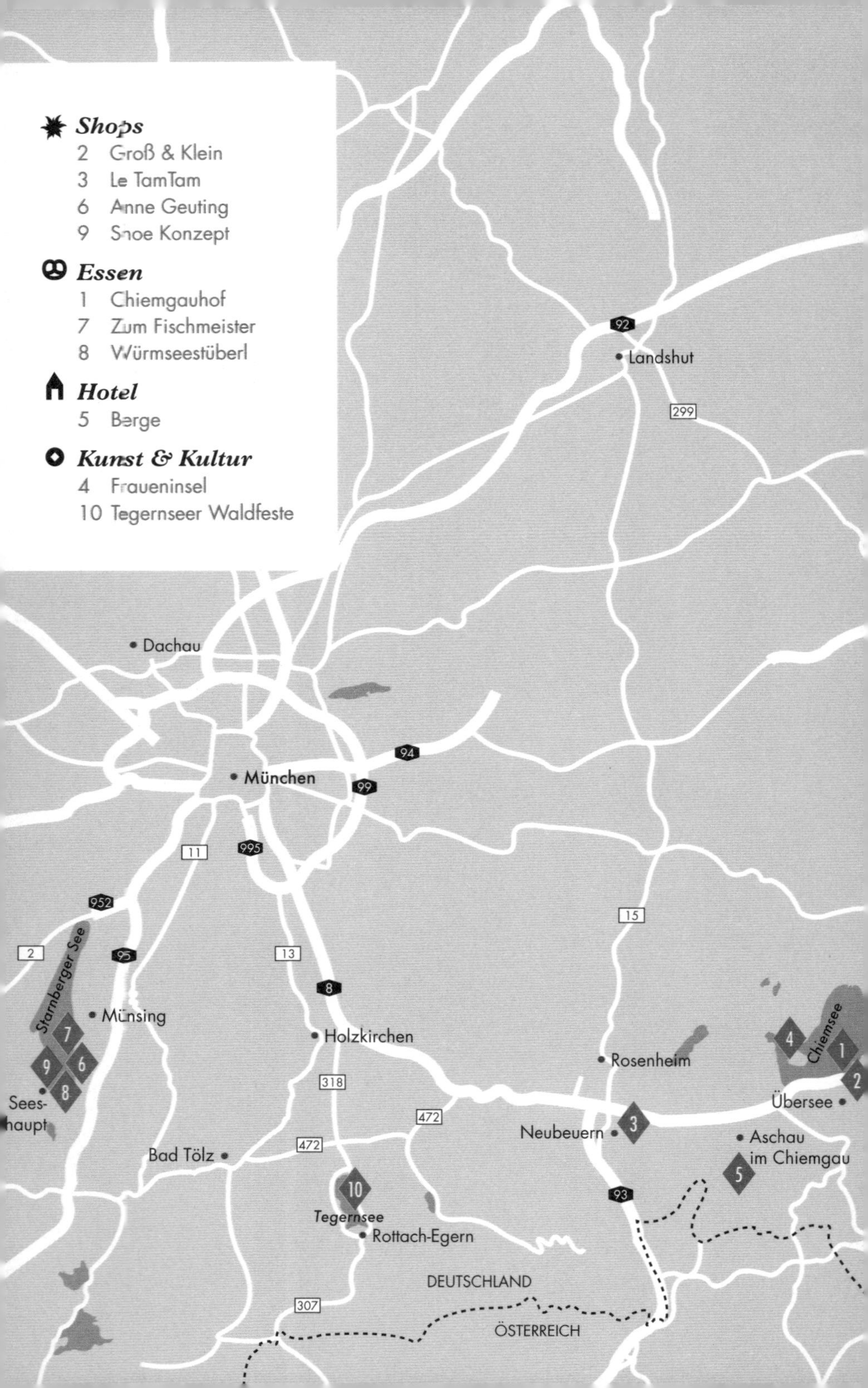
Shops
2 Groß & Klein
3 Le TamTam
6 Anne Geuting
9 Shoe Konzept
Essen
1 Chiemgauhof
7 Zum Fischmeister
8 Würmseestüberl
Hotel
5 Berge
Kunst & Kultur
4 Fraueninsel
10 Tegernseer Waldfeste
92
Landshut
299
Dachau
94
München
99
11
995
952
Starnberger See
2
95
13
8
15
Münsing
Holzkirchen
Rosenheim
Chiemsee
Sees-
haupt
318
472
Übersee
Neubeuern
Aschau
im Chiemgau
Bad Tölz
472
Tegernsee
Rottach-Egern
93
DEUTSCHLAND
307
ÖSTERREICH

Umland

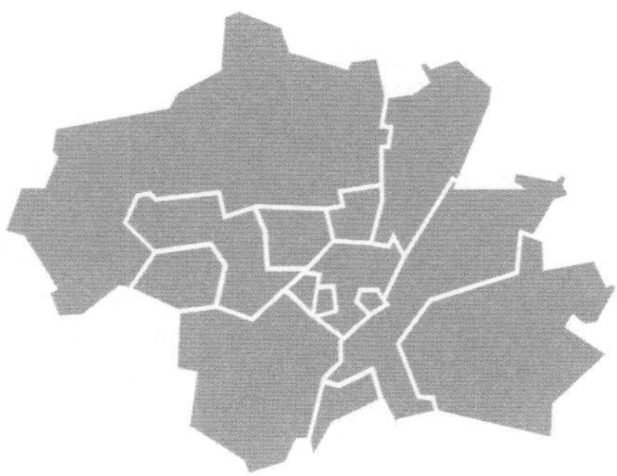

Was wäre München ohne sein Umland mit den Bergen und der von Seen geprägten Landschaft. Als München-Besucher sollte man sich einen Abstecher in die Umgebung nicht entgehen lassen, denn hier lässt sich das bayerische Lebensgefühl par excellence erleben. Mit Geranien geschmückte Balkone, Glockenbimmeln weidender Kühe und wunderschöne Biergärten an jeder Ecke verbreiten gelebte Postkartenidylle. Mit der BOB geht es ohne Stau raus ins Grüne.

1 Chiemgauhof

Tolle Location für einen Trip ins grüne Münchner Umland. Der Hof bietet geräumige Hotelzimmer und ein fantastisches Restaurant mit Biergarten am Wasser. Ein gekonnter Mix aus modernen Elementen und regionalen Anklängen, absolut einzigartig die Sundowner-Bar mit Liegen direkt am Wasser. Ibiza-Feeling vor beeindruckender Alpenkulisse – perfekt für eine kurze Auszeit.

Julius-Exter-Promenade 21
83236 Übersee
www.chiemgauhof.com

2 Groß & Klein

Um die Ecke des Chiemgauhofes befindet sich der bezaubernde Kosmos von Kriemhild Horn. Im ehemaligen Waschhaus einer alten Villa mit verwunschenem Garten arrangiert sie Alpenländisches mit schwedischen und französischen Möbeln sowie Gartenaccessoires mit raren Fundstücken und wunderbar schlichten Dingen bäuerlichen Ursprungs. Außerdem ist sie ein unverzichtbarer Tippgeber für Trips in die Region.

Wolferstr. 23, 83236 Übersee

www.gross-u-klein.de

3 *Le TamTam*

Mein neuer Lieblingsladen im Umland und kleiner Geheimtipp für Leuchten. In einem alten Bauernhof hat sich Antje Scheucher ihr persönliches Universum geschaffen. Materialien wie Holz, Beton und Naturstein bilden die Basis, Kelims, weicher Strick, ausgefallene Textilien sowie Industrial-Möbel verweben das Ganze zu einem einzigartigen Interieur. Gemeinsam mit ihrem Mann plant sie übrigens auch komplette Räume.

Dorfstr. 2, 83115 Neubeuern
www.letamtam.de

4 Fraueninsel

Die neben der bekannten Insel Herrenchiemsee gelegene Fraueninsel ist mein Geheimtipp für einen Ausflug zum wunderschönen Chiemsee. Mich erinnert sie an eine von Venedigs Inseln – nur eben auf Bayerisch. Angelegt ist sie wie ein kleines, bewohntes Museumsdorf. Von Gstad aus mit dem Dampfer oder, noch viel besser, einem gemieteten Elektroboot hinübersetzen und zuvor die idyllische Insel vom Wasser aus umrunden.

www.fraueninsel-fuehrungen.de

5 Berge

Designguru Nils Holger Mohrmann beweist mit seiner Herberge vor idyllischer Bergkulisse, wie spektakulär Wohnen auf Zeit im kompromisslos schnörkelfreien Ambiente sein kann. Das Frühstück steht auf Wunsch morgens vor der Tür, gekocht wird selbst in den liebevoll eingerichteten Unterkünften mit Namen wie »Liftstube« oder »Sommerloch«. Mit Bibliothek, Sauna und großem Gartenareal.

Kampenwandstr. 85
83229 Aschau i. Chiemgau
www.moormann-berge.de

6 *Anne Geuting*

Die Inhaberin ist Meisterin der Inszenierung und stimmiger Ensembles. In jeder Saison entwirft sie inspirierende Wohnwelten, bei denen Wohnaccessoires, Schmuck, Kleinmöbel und Kleidung wunderbar aufeinander abgestimmt werden. Ortsansässige Künstler und regional produzierte Kleinauflagen komplettieren Mottothemen wie »Südseeschätze« oder »Strandhausveranda«.

Beuerberger Str. 2
82541 Münsing / St. Heinrich
www.anne-geuting.de

7 Zum Fischmeister

Schlichte Gaststätte direkt am See mit Steg und grandioser Aussicht, die durch Herbert Achternbusch und Josef Bierbichler zur Münchner Größe avancierte. Vielen Bayern lediglich unter dem Namen »Bierbichler« bekannt, genießen hier Münchner, Einheimische und Reisende die außergewöhnlich gute Küche und beobachten am Ambacher Dampfersteg ankommende Schiffe und den ein oder anderen Promi.

Seeuferstr. 31, 82541 Münsing
www.zumfischmeister.com

8 Würmseestüberl

Mein absoluter Geheimtipp mitten in Seeshaupt ist etwas schwer zu finden. Achten Sie auf das Schild rechts der St. Michaelskirche an der Hauptstraße, dort geht es den schmalen Weg zur Seepromenade hinunter. Die Küche ist bodenständig – unbedingt das Braten-Gröstl probieren! Gleich nebenan gibt es eine Liegewiese mit zugehörigem Bootsverleih. Im Winter kann man sich am bollernden Ofen wärmen.

Seepromenade 10, 82402 Seeshaupt
www.biergarten-lidl.de

9 Shoe Konzept

Gleich gegenüber dem Würmsee-stüberl serviert Ulrike Teterycz ganz besondere Schuhe: Handgearbeitete Brogues von La Bottega di Lisa, feine Leder-Espadrilles, Sandalen, Boots aus kleinen Manufakturen, sportive Sneakers oder modisch Ausgefallenes. Ungewöhnlich ist auch das Interieur, eine derbe Maurerbank oder antike Anrichte als Präsentationsfläche hinter roter Chaiselongue vor nachtblauer Wand.

Hauptstr. 2/RG, 82402 Seeshaupt
www.facebook.com

10 Tegernseer Waldfeste

Für viele sind die von den heimischen Sportvereinen ausgerichteten See- und Waldfeste rund um den Tegernsee Höhepunkt des Sommers und für die meisten Münchner bereits Warm-up für die Wiesn. In jedem Fall sind sie gelebte, wunderschöne bayerische Tradition und eine gute Gelegenheit, Dirndl und Lederhose auszuführen. Von Juli bis Mitte August wechseln die Wald- und Wiesen-Standorte den Gastgeber. Gerne darf getanzt werden!

www.waldfest.de

Polkafreude

Host mi? *

MIT DIESEM GRUNDWISSEN MEISTERN SIE JEDEN BIERGARTEN- ODER WIESN-BESUCH

An Guadn	Guten Appetit
A so a Gaaudi	Welch ein Vergnügen
Bassd schoo	Die Bedienung freut es, wenn so aufgerundet wird. Sonst eher ein elegantes Ausweichen, wenn die Diskussion nicht gefällt und Ruhe sein soll.
Biesln muas i	Mit fragendem Unterton könnte dies die Frage nach einer Toilette sein.
Breißn	Alle Deutschen, die nicht aus Bayern oder dem Frankenland kommen
Brezn	Über die Landesgrenzen hinaus bekanntes Laugengebäck, zu dem man aber auf gar keinen Fall Brezel sagen darf.
Dahoam	Zu Hause
Do leggsd di nieda	Ausruf der Anerkennung
Eam schaugg ooh	Schau dir den Idioten an
Fleischpflanzerl	Frikadelle, Bulette
Gäh weida	Erzähl mir doch nichts
Gspusi	Liebschaft, Techtelmechtel
**Host mi?*	Kannst du mir folgen? Verstehst du mich?
I bin do ned auf da Brennsuppn dahergeschwumma	Ich bin doch nicht blöd
Ja mei	Das ist nun mal so. Kann auch als Entschuldigung gemeint sein. Passt immer.

Maß Kennt jeder, sollte aber unbedingt mit scharfem »S« gesprochen werden.

Miad Müde

Noagal Letzter Rest im Glas. Ein Noagalzuzl ist der, der die Reste trinkt.

Obazda Pikanter Käsedip / Aufstrich mit Zwiebeln und Gewürzen

Radler In diesem Fall sind nicht die Männer in den lustig-bunten Anzügen gemeint, sondern ein Bier mit Limonade.

Russ oder Russ'n-Maß Wie Radler, nur mit Weißbier statt Hellem

Sauf di zsamm Trink aus

Servus Hallo oder/und Tschüss

Spezi Sehr guter Bekannter, fast Freund, aber auch ein Cola-Limo-Mix. Nur wo »Spezi« draufsteht, ist auch echtes Spezi drin.

Zuagroassda Alle, die nicht in Bayern geboren sind

Zamrutschn Auf der Bierbank zusammenrutschen

Zuzln Spezielle Art, die Weißwurscht zu essen, eigentlich eher aus der Pelle zu saugen

Wenn sich die Sprüche dann doch eher anhören wie nachfolgend, dann sollte man es auf eine genaue Übersetzung besser nicht mehr ankommen lassen …

A Baggl Fotzn is glei aufgerissn Hiermit wird die Tracht Prügel portionsweise angeboten

Bratzn weg Finger weg

Glei foid da Watschnbaam um Letzte Warnung bevor die Ohrfeige kommt

Moggsd wos? Suchst du Streit?

Schaugg dassd a Land gwinnsd Schnelles Verschwinden ist angesagt – es könnte Ärger geben

Schleich di Entspricht am ehesten einem »Hau ab«, wie so oft macht hier der Ton die Musik

REGISTER

89 ***Kathrin Heubeck***
Ehrengutstr. 5
Handmade Leder-Taschen

20 ***Kismet***
Löwengrube 10
Restaurant & Bar am Wochenende

191 ***Kitchen2Soul***
Schlörstr. 4
Tagescafé & Concept-Store

88 ***Klewitz***
Dreimühlenstr. 40
Möbel & Wohnaccessoires

99 ***Koton Design Classics & Koton Vintage***
Barer Str. 38
Möbel-Designklassiker

101 ***Kremer Pigmente***
Barer Str. 46
Künstlerbedarf

L

126 ***La Boutique de Marie***
Kurfürstenstr. 43
Möbel & Accessoires

73 ***Ladoug***
Müllerstr. 30
Vintage-Interior

23 ***Le Copain N°2***
Hofstatt / Sendlinger Str. 12
Tagescafé

236 ***Le TamTam***
Dorfstraße 2
83115 Neubeuern
Interiordesign & Accessoires

97 ***Lenbachhaus & Garten***
Luisenstr. 33
Museum & Garten

212 ***Les Tissus Colbert***
Blumenstr. 21
Stoffe & Wohnaccessoires

170 ***Liebreich***
Edelweißstr. 13
Tagescafé & Concept-Store

154 ***Lilli & Karl***
Pariser Str. 17
Papierobjekte & Decoration

142 ***Livingroom***
Wiener Platz 2
Wohnaccessoires im Vintage-Stil & Tagescafé

115 ***Lost Weekend***
Schellingstr. 3
Buchhandlung & Tagescafé

M

182 ***Mahlefitz***
Nymphenburger Str. 51
Kaffeerösterei & Tagescafé

150 ***Maisons***
Rauchstr. 1 / Eing. Ismaninger Str.
Interior

72 ***Man versus Machine***
Müllerstr. 23
Kaffeerösterei mit Tagescafé

196 ***Marais Soir***
Schwanthalerstr. 133
Restaurant

158 ***Medical Art***
Sedanstr. 29
Concept-Store

211 ***Meindl Authentic Luxury***
Am Kosttor 1
Trachten-Designermode

230 ***Mitbringsel vom Markt***
Viktualienmarkt Abt. 1 / Stand 33
Souvenirs

110 ***Moine and Rise***
Adalbertstr. 35
Möbel & Accessoires

N

40 ***Nage und Sauge***
Mariannenstr. 2
Lockeres Restaurant

134 ***Natascha Müllerschoen Couture***
Siegesstr. 12
Couture Damen

DIE AUTORIN

Susanne Perk-Kuhlmann ist seit 33 Jahren überzeugte und leidenschaftliche Wahlmünchnerin und profunde Kennerin der Design- und Ladenszene der bayerischen Metropole. Anfänglich als Stylistin tätig, gründete sie vor 25 Jahren den 089Verlag. Der *Designguide,* Münchens Shopping-Guide mit einem Schwerpunkt auf Interior, ist seitdem aus dem Stadtbild nicht mehr wegzudenken. Mit Kamera und Stift begibt sie sich seit Jahren auf Entdeckungsreise in Sachen Design. Papier, Antikes, Garten und modernes Interieur gehören dabei zu ihren Favoriten. Neuestes Baby aus ihrem Verlag: die Reihe »Landmark Notes« mit unterschiedlichen Schwerpunktthemen. Online unter *www.designguide089.de* und auf dem Blog *www.designchen.de* zu finden.

DANKSAGUNG

Alleine hätte ich es nicht so gut geschafft – deshalb möchte ich mich an dieser Stelle bei allen bedanken, die mir in dieser arbeitsreichen Zeit zur Seite standen, mir Tipps gaben oder auch einfach nur als Gegenspieler wirkten.

Ein dickes Danke aber geht von ganzem Herzen vor allem an Bassam Saleh, Antje Lehner, meine Tochter Joanna Annick und an Ines Rosenbrock. Jeder war immer genau dann da, wenn ich ihn brauchte: Danke schön!

Einen lieben Dank auch an meine Mutter, die ein halbes Jahr auf einen Besuch von mir warten musste. Wie schön München wirklich ist und dass es sich als kleine Großstadt hinter den Weltstädten nicht verstecken muss – für diese Ansicht danke ich herzlich meiner Lektorin Stephanie Jaeschke, die geschickt zu leiten wusste und sich auch Neuem gegenüber immer aufgeschlossen zeigte.

Ileana Soana sei Dank für das spannende Layout und Hannah Zirkler für die wachen Augen beim Lektorat.

Vielen Dank auch an alle Münchner, die mir vertrauensvoll und unkompliziert ihre Türen öffneten und mich machen ließen. Es hat sehr viel Spaß gemacht und mir als »Zuageroaste« München noch ein ganzes Stück nähergebracht!

IMPRESSUM

Text & Fotos: Susanne Perk-Kuhlmann

Veröffentlicht von National Geographic Deutschland, 1. Auflage, Hamburg 2016.

Konzept: Stephanie Jaeschke, Susanne Perk-Kuhlmann
Lektorat: Hannah Zirkler
Gesamtgestaltung: Ileana Soana, www.ileanasoana.com
Schlussredaktion: Hartmut Schönfuß
Herstellung: Bettina Schippel, Anna Katavic
Litho: Peter Becker GmbH, Würzburg
Druck: estellaprint, Villatuerta-Estella

Printed in Spain
ISBN 978-3-86690-469-9

Bildnachweise: Cover: weseetheworld – Fotolia; S. 20/21 © Jan Schünke; S. 27 © Brasserie OskarMaria; S. 30 oben © Aesop; S. 38 unten links © Hotel Opera; S. 44 © Susie Knoll; S. 46/47 © Norbert Schmitz; S. 48 © Patrick Gruban; S. 59 unten rechts © Ruby Store; S. 64 © Greys Bar/H'otello; S. 66 © Hammer & Nagel; S. 76 oben und rechts © Sascha Kletzsch; S. 80 unten rechts © Flushing Meadows; S. 86 rechts und unten links © Das Maria; S. 89 links und unten © Kathrin Heubeck; S. 90 © Conny Mirbach; S. 92 SW-Foto © Daniel von Mitschke; S. 97 © Lenbachhaus; S. 100 unten © Café Daddy Longlegs; S. 113 Food-Foto © Cantine Cantona; S. 119 unten © Brotzeiten; S. 142 links © Gerald Klepke/Livingroom; S. 144 oben © Hofbräukeller; S. 159 © Anne von Wächter; S. 161 @ Hide M; S. 164 © True & 12; S. 167 oben rechts und unten © Fiedler und Fuchs; S. 170 unten © Liebreich; S. 177 – 179 © ClassiCon; S. 186 oben links © Die Mercerie; S. 204 © Beate Niebler/NFF FOTOSTYLING; S. 214 kl. Foto unten © Michael Schinharl; S. 215 © Susanne Stelzl/Kasu; S. 218 unten © Hofbräu; S. 222/223 © Herbert Liebhart; S. 224 links © Striezi; S. 225 rechts unten, rechts oben © Tomm Loesch; S. 226/227 © Das Wiesnzelt/ Edition Sportiva; S. 228 © Claudia Wenz; S. 234 © Chiemgauhof; S. 241 oben © Zum Fischmeister; S. 244/245 © Egbert Krupp, Manfred Manke